KB068088

상대의 마음을 움직이는 힘

상대의 마음을 움직이는 힘

가와다 오사무 지음 | 최은지 옮김

BOOK
AGIT

상대의 마음을 움직이는 힘

초판 1쇄 발행 · 2018년 4월 5일

지은이 · 오사무 가와다
옮긴이 · 최은지
펴낸이 · 윤석진
외주 책임편집 · 한지현
외주 디자인 · 디자인9mm
본문 일러스트 · 편안
총괄영업 · 김승헌

펴낸곳 · 도서출판 작은우주 | 주소 · 경기도 고양시 일산동구 위시티4로 45, 403-1302
출판등록일 · 2014년 7월 15일(제25100-2104-000042호)
전화 · 070-7377-3823 | 팩스 · 0303-3445-0808 | 이메일 · book-agit@naver.com

정가 12,800원 | ISBN 979-11-87310-06-8 03320

| 북아지트는 작은우주의 성인단행본 브랜드입니다. |

"희한해요. 선배는 상품 지식이 해박한 것도 아니고, 그렇다고 이미지가 스마트한 것도 아닌데 말이죠."

어느 날 나의 영업력이 좋은 이유를 궁금해하는 회사 후배가 이런 말을 했다. 꽤 무례한 말이지만 '중요한 건 그런 게 아니니까'라는 생각으로 "아니 선배한테 어떻게 그런 말을." 하며 웃어넘긴 적이 있다.

나는 공부를 못한다. 책은 물론이고 신문도 거의 읽지 않는다. 다만 다른 사람의 말을 듣고, 그들과 이야기하며, 관찰하는 것만큼은 누구보다 자신 있다. 그리고 무엇보다 (낯가림은 조금 있지만)사람을 좋아한다. 그런 내가 푸르덴셜 생명의 영업사원들 중 영업실적 1등을 차지하고 《가방은 손수건 위에(국일미디어,2010)》를 출간 (영업에 관한 책이지만 영업 노하우는 다루지 않은 책이다)하며 이 책이 베스트셀러가 된 것은 정말 신기하다.

더욱 신기한 일은 전국에서 쏟아진 강연 의뢰였다. 영업뿐 아니라 다른 직종에서도, 아니 오히려 영업이 아닌 분야에서 더 많은 의뢰가 들어왔다. 금융기간을 비롯해서 웨딩플래너, 건설사, 상조 회사, 변호사까지 많은 분야에서 강연 의뢰가 쏟아졌다.

또《가방은 손수건 위에》가 일본뿐 아니라 한국과 대만, 중국에서 출간되었다. 특히 한국에서는 이 책을 계기로 3000명 앞에서 강연을 하기도 했다.

나는 내가 만난 많은 사람에게서 배운 것들이 업종은 물론 국적까지도 뛰어넘어 모두에게 도움이 된다는 사실을 실감했다.

강연처럼 한정된 범위를 넘어 더 많은 이들에게 나의 메시지를 전할 방법을 생각하고 있을 무렵, 아사히신문출판에서 '배려를 테마로 하는 도서'를 집필해달라는 흥미로운 제안을 해왔다. 배려는 영업에 국한되지 않으며 어떤 직업이더라도 아주 중요한 덕목이지 않은가.

성공한 CEO, 높은 실적을 내는 비즈니스 퍼슨, 유명한 가게의

오너와 스태프. 그들을 만나면서 그들의 말 한마디에 감격하거나 사소한 동작에 감동하는 일이 많았다. 때로는 가슴이 뜨거워질 정도로 그들의 대단함을 직접 느끼기도 했다. 그들의 배려 속에는 놀랄 만한 '무언가'가 있었다. 이 책에서는 그 무언가에 대해서 이야기할 생각이다.

이 책은 영업 노하우를 알려주는 책이 아니다. 실제로 내가 감동한 작은 배려와 그러한 배려를 실천하기 위한 방법에 대한 이야기이다.

앞으로 소개할 '작은 배려'에 관한 이야기에는 당신의 일터, 인생, 혹은 이 책을 보고 있는 그 어떤 곳에서라도 멋진 일을 만들어 줄 힌트가 가득하리라고 확신한다.

가와다 오사무

가와다 씨를 처음 만난 장소는 아사히신문출판사, 바로 우리 회사였다. 오랫동안 이 일을 하면서 저자와의 첫 미팅을 회사에서 한 적은 없었다. 심지어 우리가 '배려'에 대한 집필을 먼저 의뢰했기 때문에 우리가 가와다 씨에게 찾아가야 하는 것이 옳았다. 그럼에도 그는 "처음 뵙는 자리는 항상 제가 회사로 찾아갑니다. 뵙는 분과 회사 분위기를 직접 느끼는 편이지요"라며 웃으면서 회의실 책상을 신기한 듯 바라보았다(지금에 와서 돌이켜 보면 가와다 씨의 그러한 행동이 그를 나타내 주는 행동이었다).

우리 회사 사무실에서 이뤄진 그날의 회의는 "배려라는 테마가 아주 흥미롭습니다만, 조금의 시간이 필요합니다"라는 가와다 씨의 말로 마무리 되었다.

사실 그날 나는 그의 저서에 언급한 '가와다 표 인사법'을 실제로 보기를 내심 기대하고 있었다. 마지막 순간 그는 그의 말대로 정말 깊게, 깊게 허리를 숙여 인사하고 돌아갔다.

그날로부터 1년이 지난 후 이 책의 집필이 시작되었다.

"배려는 영업뿐 아니라 편집자에게 있어서도 빼놓을 수 없는 부분이고, 또 사내 인간관계에서도 작은 배려가 원활한 업무진행을 돕는 역할을 하잖아요."

"맞습니다. 업무만이 아니라 모든 사람이 지금보다 아주 조금만 더 배려하면 세상은 훨씬 더 좋아질 것입니다."

나의 말에 가와다 씨는 적극 동의했다.

예를 들면 뒷사람을 위해 문을 잡아주거나 쓰레기가 보이면 자연스레 주워 쓰레기통에 버리거나 요리를 해준 배우자에게 고맙다는 말을 건네는 작은 배려가 모이면 모두가 조금 더 기분 좋게 살아갈 것이다.

이 책의 타이틀은 《상대의 마음을 움직이는 힘》이지만 일터뿐 아니라 사람이 살아가는 사회에서 빼 놓을 수 없는 '배려'에 대한 가와다 씨의 생각이 담겨있다.

배려의 달인인 가와다 씨의 관찰력은 이 책을 기획한 나 역시 많은 것을 배우게 했다. 그의 말 한마디 한마디에서 사람을 좋아하고, 행복한 사회를 바라는 따뜻한 마음이 넘쳐흐른다. 이제 가와다 식 '배려의 세계'를 향해 페이지를 넘겨보길 바란다.

아사히신쇼 편집담당

차
—
례

마치며 – 서로를 위하는 마음을 잊지 말길

1

상 대 의
마 음 을
움 직 이 는
힘

오늘 당장
상대의 마음을
얻는 법

1

사소한 일일수록
30초 더 생각한다

나는 영업이라는 업무의 특성 때문에 매일 여러 회사를 방문한다. 그때 대부분은 차 내지는 커피를 내주는데, 이 한 잔이 더운 여름날엔 갈증 해소를 해주고 추운 겨울에는 언 몸을 녹여주는 데 그만이다. 내주는 모든 음료를 감사히 마시지만 사실대로 얘기하자면 나는 커피를 못 마신다. 그래서 개인적으로 커피를 마시는 일은 없다.

어떤 회사를 방문했을 때 겪은 일이다.

사무실 한 편에 있는 회의용 테이블에서 고객을 기다리고 있었는데, 테이블 위에 카페에나 있을 법한 메뉴판을 발견했다. 메뉴판에는 뜨거운 커피, 아이스 커피, 홍차, 아이스티, 오렌지주스, 우롱

차 등 적혀 있는 음료의 종류가 제법 많았다. 잠시 후 직원이 와서 물었다.

"음료는 무엇으로 드릴까요?"

회사는 고객, 심지어 나와 같은 단순한 방문객에게도 좋아하는 음료를 고를 수 있도록 해놓았던 것이다. 혹시 가격을 지불해야 하는가 싶어 잠시 망설였지만 두말할 필요 없이 무료였다.

재미있는 시스템이라며 나는 감탄했다.

커피를 내주는 일은 고객 입장에서 정말 고마운 일이다. 그러나 나처럼 커피를 못 마시는 사람도 있고, 차에 알레르기가 있는 사람도 있을 것이다. 혹은 직전 미팅에서 이미 커피를 마셨을지도 모른다. 이러한 경우까지 배려해서 방문객의 음료를 신경 쓴 풍부한 상상력이 가히 대단하다. 고객의 기호에 맞춰 다양한 음료를 준비해두는 것은 그저 단순한 배려가 아니다.

음료 하나에도 마음을 쓸 줄 아는 회사라면 고객이나 거래처, 혹은 상품 등 업무 전반에도 같은 마음 씀씀이를 가지고 있지 않을까? 이 작은 메뉴판에는 아이디어와 실행력, 그리고 고객서비스 능력 등 회사의 다양한 매력이 집약되어 있다.

또 이런 회사도 있었다.

마찬가지로 영업을 이유로 방문한 회사였는데, 이번에도 차를 내주었다. 감사한 마음으로 한 모금 마셨는데, 흔한 녹차가 아닌 콘포차*였다. 진짜 다시마가 들어있는 고급스러운 콘포차로 맛이 아주 훌륭했다.

"맛이 아주 좋네요."

감탄이 절로 나온 나는 평범하지 않은 콘포차를 준비할 생각을 했는지 물었다.

"가와다 씨는 영업으로 여러 곳을 다니시잖아요. 그럴 때마다 회사에서는 녹차나 커피를 내줄 텐데, 차를 내줄 거면 그와는 다른 종류를 내주는 편이 좋지 않을까 하는 마음이었어요."

고급스러운 콘포차의 맛에도 감탄했지만 그의 배려가 훨씬 더 감동이었다. 이런 사소한 부분까지 마음을 쓰는 것 자체만으로도 훌륭한 회사라는 인상이 남았다.

배려란 상대를 생각해서 사소한 부분까지 상상력을 발휘하는 행동이다. 굉장히 크리에이티브한 활동이며, 상당히 어려운 일이다.

상대를 기쁘게 하기 위한 생각은 누구나 할 수 있다. 그러나 대부분 '생각' 단계에 머무르며 구체적인 '행동' 단계까지 이어지지 못한다. 사소한 일이라도 실행하기까지는 큰 힘이 필요하다.

● 일본 황족이 즐겼다고 전해지는 다시마차

음료 메뉴판과 콘포차는 사소한 배려에 지나지 않는다. 그러나 이를 실제로 행하는 사람과 그렇지 않은 사람의 차이는 결코 사소하지 않다. 별것 아닌 음료이지만 실로 아주 중요한 음료인 셈이다.

작은 배려가 있기에 많은 사람들이 모여들고, 다시 큰 성과로 이어지는 것은 아닐까.

2

한 번의 인사가
단골을 만든다

작은 선술집에서 있었던 일이다.

붓글씨로 쓴 메뉴가 벽에 엉성하게 붙어 있고 테이블 3개에 6명 정도 앉을 수 있는 작은 선술집이었다. 오래된 곳이지만 청결하고 활기가 넘치고 있었다. 우리가 도착했을 때는 이미 만석이어서 기다려야 했다.

"이렇게 계속 기다릴 수는 없겠는데요."

"조금만 더 기다려 봐요."

처음 간 가게였는데도 맛있는 냄새가 발길을 끌어당겼고, 무엇보다 가게 특유의 활기찬 분위기가 한잔 기울이고 싶은 마음을 부추겼다. 또 한참을 기다렸지만, 결국 좌석이 나지 않아 우리는 어쩔 수 없이 발길을 돌렸다.

"다음에 올게요."

카운터 안에서 분주하게 움직이는 주인아저씨에게 대충 말을 건네고 우리는 가게를 나왔다. 그런데 우리가 가게 밖으로 나오자 주인아저씨는 서둘러 주방에서 나와서 우리에게 허리를 숙이며 말했다.

"정말 죄송합니다!"

단번에 마음이 느껴질 정도로 진심이 담긴 목소리였다.

보통 가게 주인이라면 "아, 죄송합니다"라며 카운터 안에서 미안함을 전하고 끝났을 테지만(물론 이조차도 고마운 일이다) 그 주인아저씨는 달랐다.

주인아저씨는 목이 다 늘어난 티셔츠 차림이었고, 가게는 그야말로 어디서나 볼 수 있는 평범하고 아담한 선술집이었다. 실례일지 모르겠지만 고급 레스토랑에서 받는 서비스를 기대하기는 힘들어 보였다. 그러나 그의 진심어린 대응은 다른 어떤 가게보다 감동을 주었다.

가족끼리 운영하는 작은 가게였던 터라 주인아저씨는 손님 응대를 위해 혼자서 여기저기를 뛰어다녔다. 만석이라 정신이 없었을 테고, 우리에게는 카운터에서 인사를 건넸더라도 충분히 정중했다고 느꼈을 것이다. 심지어 우리는 단골도 아니고 처음 방문하는 뜨내기 손님이었을 뿐인데. 고개 숙여 인사하는 주인아저씨의 배웅을 받으면서 가게를 뒤로 한 나는 "이 가게는 무조건 좋은 가게다! 반드시 다시 오겠어!" 하고 결심했다.

생각지도 못한 주인아저씨의 진심 어린 배려는 강력한 인상을 남겼다. 시간으로 따지면 1분도 채 되지 않는 사이에 일어난 일인데, 그 여운이 정말이지 아주 컸다.

'이렇게 모든 고객을 중요하게 여기고 배려하는 가게라면 틀림없이 요리도 맛있을 거야. 그 활기찬 분위기도 분명 주인아저씨의 배려에서부터 시작되었을 거야.'

안주 하나 먹어 본 적 없지만 그런 믿음이 들었다.

모든 고객을 소중히.

비단 작은 가게만이 아니라 큰 회사들도 직원들에게 늘 강조하는 사항이지만 실제로 실천하는 사람은 많지 않다. 아무리 열심히 노력하자고 외치더라도 막상 행동으로 옮기기란 아주 어려운 일이니까.

위대한 슬로건은 작은 행동들이 쌓여서 더 많은 사람들에게 전달되면서 완성된다. 모든 사람을 진실로 배려할 줄 아는 사람은 반드시 좋은 결과가 나기 마련이다.

선술집 주인아저씨는 불과 몇 초의 인사 하나로 단골 한 사람을 확보하였다. 물론 그러한 의도에서 나온 행동은 아니었다. 그저 진

심을 담아 고개를 숙인 것뿐이다. 나 역시 그 마음을 느꼈기 때문에 더욱 감동받은 것이다.

아마 주인아저씨는 손님을 대하는 모든 순간에 진심을 담아 행동했을 것이고, 그 진심을 느낀 많은 사람들이 다시 찾아주어서 그날도 가게는 만석이었던 것이 분명하다. 나는 그렇게 확신했다.

며칠 뒤 선술집을 다시 찾았고 이번에는 음식을 맛볼 수 있었다. 옛 감성이 묻어나는 분위기만큼이나 맛이 훌륭했고, 분주하게 움직이는 직원들의 얼굴도 밝았다. 활기찬 분위기와 주인아저씨에 대한 좋은 인상이 선술집의 음식 맛까지도 더 좋게 하는 건 아닐까.

3

상대를 미안하게 만들지 마라

인사에 관한 에피소드가 또 하나 있다. 역시 사소한 배려지만 강한 인상을 남긴 일화이다.

오사카의 한 일류 호텔에서의 일이다.

호텔 복도를 걸어가고 있는데 맞은편에서 청소직원 한 명이 걸어오고 있었다. 보통 이런 경우 청소직원은 가볍게 고개를 숙인 뒤 재빨리 지나가는데 이 직원의 대처는 조금 달랐다.

그녀는 잠시 멈춰선 후 가볍게 미소지어 인사한 다음, 다시 여유롭게 걸어갔다. 찰나였지만 나는 이것이야말로 최고라고 생각했다. 어떤 부분에 감탄했는가 하면 인사를 건네는 순간 잠깐 멈춰선 그녀의 침착함이다.

청소직원은 보이지 않는 곳에서 분주하게 움직이는 사람이다. 그래서 스스로 자신들을 무대 뒤의 존재라고 여기는지 손님과 마주칠 때면 괜히 서둘러 자리를 피한다. 이 역시도 상대를 위한 사려 깊은 행동이라고 생각하지만, 그때 만난 청소직원의 침착한 행동은 이와 반대였기 때문에 더욱 강한 인상을 남겼다.

문화에 따라 다르겠지만 가끔 해외호텔에 가게 되면 체크인카운터에 사무용품이나 작은 박스가 그대로 고객에게 보여지는 경우가 있다. 일본에서는 이런 광경은 거의 보이지 않는데, 나는 이런 일본 특유의 배려를 높게 평가한다.

이런 종류의 배려는 들켜서는 안 되는 것을 들킨 나머지 당황한 기색을 내비추고 그 바람에 상대까지도 머쓱하게 만드는 상황을 만들지 않기 위해서다. 비슷한 상황에서 오사카의 청소직원은 잠시 멈췄다가 여유롭게 인사를 했기 때문에 상대는 '괜한 미안함'을 느낄 필요가 없었을 뿐 아니라 편안함마저 느꼈다.

무대 뒤에 있는 조연이라도 고객과 마주했을 때 어떻게 행동하느냐에 따라 무대의 전체적인 인상이 달라질 수 있다. 그것이 불과 몇 초의 시간이라도 말이다.

어떤 업무든 작은 배려를 차곡차곡 쌓는 일은 아주 중요하다.

4

**주차 자리를
양보하는 마음**

먼저 한 가지 질문을 던져보겠다.

당신은 '생명보험 영업'에 대해 어떻게 생각하는가?

나는 생명보험 영업을 하면서 몇 천명의 사람들을 만났지만 안타깝게도 환영받은 적이 거의 없다. 사람들은 생명보험 영업에 대해서 별로 긍정적이지 않다.

지금은 아니지만 이 일을 하기 전까지는 나 역시도 그렇게 생각했다. 사람의 목숨을 돈으로 바꾼다는 인식 때문에 생명보험의 개념이 반갑지 않았다.

어느 지방에 나와 같은 생각을 가진 사장님이 있었는데 그 지역에서 꽤 큰 회사를 경영하는 분이었다. 지인의 소개를 받고 비행기까지 타고 날아간 나에게 사장님은 생명보험의 '생'자도 듣고 싶지 않다며 단호하게 선을 그을 정도였다.

"가와다 씨는 다른 보험 영업사원과는 다르니까 우선 이야기라도 들어 봐요."

소개해 주신 분은 중간에서 어떻게든 좋은 분위기를 만들려고 이런저런 좋은 얘기를 하며 노력했지만 사장님은 말없이 팔짱만 낀 채 일관된 입장을 유지했다. 사실 생명보험 영업을 하는 입장에서 이런 광경은 흔히 볼 수 있지만, 그분은 생명보험에 대해 유독 부정적인 인상을 가진 듯했다.

"가와다 씨가 잘 얘기해 봐요."

쓴웃음을 짓는 소개자에게 바통을 넘겨받은 내가 처음 한 질문은 이랬다.

"회사에 영업사원은 몇 분 정도 계신가요?"

보험과는 전혀 관계없는 질문을 받자 사장님은 마지못해 몇 명 정도 있다는 대답만 겨우 했다.

"아, 그러시군요. 영업은 어떤 식으로 하고 계신가요?"

"주로 어떤 고객을 상대하시나요?"

비행기까지 타고 와서는 보험에 대한 얘기는 꺼내지도 않고 관련없는 이런 질문만 연이어 하자, 사장님은 "뭐하는 녀석이지?" 하고 생각한 것 같다.

나는 사실 고객과 처음 만난 자리에서 보험 얘기는 잘 꺼내지 않는다. 왜냐하면 고객이 어떤 사람인지, 어떤 회사를 다니는지도 모른 채 상품을 판매할 수 없기 때문이다. 상대가 어떤 생각을 갖고, 어떤 문화 속에서 생활하는지 파악하는 것이 먼저다. 나의 영업은 그것부터 시작된다. 상대가 회사의 사장이라면 그 회사부터 자세히 알아야 하지 않겠는가.

이 회사의 영업에 관해서는 나도 잘 아는 분야였기 때문에 자연스럽게 대화를 이어갔다. 사장님은 자신의 회사 영업에 대한 이야기가 나오자 엄격했던 표정과 말투가 점차 누그러졌고 이윽고는 "영업이란 정말 재미있는 일이야!" 하고 열정적으로 이야기를 시작했다. 그러고는 "가와다 씨, 영업은 말이야, 고객한테 클레임이 들어왔을 때 가장 좋은 공부가 되는 거야"라며 최근 사장님 회사에서 일어난 일을 들려 주었다.

무슨 일이었냐면, 영업사원이 고객 회사를 방문하면서 고객용 주차공간에 주차했는데 방문한 회사 측에서 왜 영업사원이 고객용 주차공간에 주차를 하냐며 클레임을 제기했다고 한다.

"나는 말이야, 그 이야기를 듣고 맞는 말이라고 생각했네. 그래서 모든 영업사원에게 앞으로는 내방객용 주차공간에는 절대 주차하지 말라고 했지."

사장님의 이야기를 듣고 나는 내심 놀랐다. 나도 고객의 공간에 방문했을 때 내방객용 주차공간에는 주차하지 않거니와 건물과 가장 먼 곳에 주차한다는 나만의 철칙을 만들어서 지키고 있었기 때문이다.

나와 같은 영업인들은 '방문자'이지 '고객'이 아니다.

이 이야기는 《가방은 손수건 위에》*에서도 다룬 일화인데, 내가 꼭 지키는 작은 배려 중 하나이다. 이런 나의 철칙을 이야기하자 사장님도 깜짝 놀라며 미팅이 끝난 후에 배웅을 나오면서 가장 먼 곳에 세워둔 나의 차를 지켜보았다.

결국 그날 보험에 대한 이야기는 일절 하지 못하고 마지막까지 영업철학에 대해서만 이야기를 나누고 도쿄로 돌아왔다.

한 달 뒤, 한 통의 메일이 도착했다.

'갑자기 연락해서 미안합니다. 첫 만남부터 무례한 말을 했던 사람입니다. 그날 나눈 이야기가 자꾸 맴돌아 가와다 씨의 책 《가방은 손수건 위에》를 두 번이나 읽었습니다. 왜 두 번이냐 하면 우리 회사의 영업사원에게 책을 배부하고 감상문 제출 미션을 낸 뒤 나역시 가와다 씨의 이야기를 조금 더 숙지해 두자고 했기 때문입니다.

● 저자의 전작으로, 영업 중 방문한 고객의 집이 더러워지지 않도록 반드시 손수건을 깔고 가방을 둔다는 저자의 철학을 담았다. 일본에서 베스트셀러에 오르기도 했다.

본론부터 말하면 뻔뻔하게도 부탁이 있어 이렇게 연락을 드렸습니다. 부디 저희 회사 연구회에 오셔서 강의를 해주시기 바랍니다. 실례일지도 모르지만 이렇게 부탁드립니다.'

(당사자의 허락 하에 메일 전문을 게재하였다.)

사장님과는 아직도 보험에 대한 이야기를 나누지 못했다. 여전히 보험은 필요 없다는 입장을 고수하고 있기 때문에 앞으로도 보험 이야기는 못할지도 모른다.

계약을 성사시키지 못했기 때문에 업무 성과만으로 따진다면 사장님과의 미팅은 실패이다. 그러나 영업철학을 나누며 나에 대한 인상을 조금이라도 좋게 만들었고, 무엇보다도 소중한 인연이 생겼다. 자화자찬일지 모르지만 굉장한 일을 해냈다고 생각한다.

사람의 인연이란 어디에서 어떻게 생겨날지 모를 일이며 혹시 사장님도 언젠가 고객이 되어줄지도 모른다. 아니, 설령 그렇지 않더라도 날 믿고 강연을 의뢰했다는 사실만으로도 가슴이 뜨거워진다.

주차 장소를 세심하게 신경 쓰는 행동은 한 번만 더 생각하면 누구나 떠올릴 수 있는 아이디어다. 훨씬 더 작은 배려도 업무나 인간관계에 큰 변화를 가져올 수 있다.

일은 99%가 배려, 역시 그렇게 생각한다.

5
사소하고 귀찮은 일,
웃으며 대신 해주기

기업보험 계약을 위해 간 어느 지방 출장지에서 생긴 일화이다.

찾아간 회사의 사장님은 직원과 직원 가족들의 행복을 중요하게 여길 뿐 아니라 지역문화의 활성화를 위해 적극적으로 활동하는 분이었다. 한 번은 이런 질문을 받았다.

"가와다 씨, 직원들이 좋아할 만한 복리후생이 뭐 없을까?"

"사원의 결혼기념일에 사장님의 단골 레스토랑 식사권을 선물하는 회사가 있습니다. 이탈리안, 일식, 프렌치 등 몇 가지 중에서 직원이 좋아하는 가게를 골라 갈 수 있도록 하는 복리후생이지요."

다른 회사를 예를 들어 이야기하자 사장님은 기뻐했고 다음에 만났을 때는 본인의 회사에도 적용하기로 했다며 환하게 웃었다.

이런 사장님 덕분인지 회사는 위아래 구분 없이 50명 정도의 직원 모두 사이가 좋았고, 밝은 분위기 속에서 일했다.

몇 번째 방문이었는지 기억나지 않지만 계약을 위해 방문한 어느 날 일을 하다 시간이 지체되어 늦은 밤이 된 적이 있었다. 무심코 창밖을 보니 회사 부지 내에서 직원들이 바비큐 준비를 하고 있었다. 가나자와[●]에서 손님이 와서 바비큐 파티를 열어 환영을 해준다는 것이다.

"바비큐요?"

신기한 듯 사장님에게 물었다.

"아니, 이 주변은 어떤 가게를 데려가도 맛이 다 비슷한데다가 오신 김에 사원들과 커뮤니케이션도 할 수 있고, 또 재미있잖아. 가와다 씨도 함께 하자고."

이미 한껏 들떠있는 사장님은 나까지 바비큐 파티에 초대했다.

아직 일이 남아있다고 거절하려던 차에 함께 계시던 사모님까지 모처럼 만든 자리니 함께하자고 제안하셔서 염치 불고하고 바비큐 파티에 참석하게 되었다.

건물 밖으로 나와 보니 직원 모두가 고기를 굽고, 돼지고기 된장

● 金澤, 일본의 지역명

국을 만들며 분주하게 파티준비를 하고 있었다. 조금 추운 탓에 바비큐 근처에서 불을 쬐며 몸을 녹이고 있자 "여기요" 하는 목소리가 들렸다. 뒤돌아보니 젊은 남자사원이 비닐봉지에서 나무젓가락을 꺼내 건네고 있었다. 지금까지 불을 피우고 있었는지 그의 얼굴에는 땀이 흐르고 있었다.

"감사합니다."

감사 인사를 하고 나무젓가락을 받아들자 "포장지는 가져가겠습니다" 하더니 그는 쓰레기가 될 법한 나무젓가락 포장지만 싹 빼서 가져갔다.

나는 그의 센스에 깜짝 놀랐다. 그는 포장지가 벗겨지지 않은 깨끗한 상태로 젓가락을 건네고 귀찮아질지 모르는 포장지는 가져가고 싶었던 것이다. 청결을 생각하는 작은 배려, 그리고 나무젓가락을 사용할 때 포장지가 거추장스러워지는 상황까지 한 발치 앞서 상상하는 감각이 대단했다.

일류 레스토랑이나 오랜 전통을 이어온 고급 주점의 직원처럼 철저하게 서비스 교육을 받았다면 모를까 평범한 회사원, 그것도 작은 시골의 순박한 청년이 이런 센스를 갖췄다는 사실에 감탄했다.

이러한 센스는 사장님의 평소 배려가 사원들에게 전파되어 생겨난 것은 아닐까 생각했다. 수수한 청년이 나무젓가락 포장지를 쏙 빼는 순간, 직원들의 복리후생을 생각하는 사장님의 웃는 얼굴과 시원시원한 목소리, 활기차게 일하는 직원들의 모습이 머릿속에서 일련의 선처럼 이어졌다.

나는 다시 한 번 생각했다.

'기업은 우두머리가 전부다'

이렇게 멋진 회사와 인연을 맺게 되다니 정말 영광이었다.

대부분의 회사는 '커피기계는 다음 사람을 위해 깨끗이 사용합시다' '문서 절단기는 이렇게 사용합니다'처럼 정해놓은 규칙과 매뉴얼을 통해 서로를 배려하도록 한다.

그러나 이 회사는 규칙과 매뉴얼이 아닌 회사 분위기가 자연스럽게 서로를 배려하게 만든다. 그래서 나 같은 외부 사람에게도 배려하는 행동이 자연스럽게 나오는 것이다.

물론 나의 과대평가일지도 모른다. 나무젓가락 포장지를 벗겨준 것도 그냥 우연일 수 있다. 그러나 그 순간 나는 분명 그렇게 느꼈다. 그 회사는 그런 느낌을 전하고도 남을 만큼 따뜻하고 배려가 넘쳤다. 이 회사의 미래가 밝을 것이며 내가 도울 수 있는 무언가가 있다면 최선을 다해 돕고 싶다는 생각을 했다.

겨우 나무젓가락 하나에 요란스럽다고 생각하는 사람도 있을지 모른다. 그러나 회사의 문화는 오히려 사소한 부분에서 더 잘 드러난다. 생각해 보라. 이런 식으로 주위 사람이 자신도 모르게 도움을 주고 싶어지는 회사야말로 성장할 가능성이 큰 곳이 아니겠는가. 겨우 나무젓가락 하나지만, 아니 나무젓가락 하나이기 때문에, 평소 행동이 그대로 드러났다고 생각한다.

후일 회사를 다시 방문했을 때 가장 처음 인사를 건넨 이도, 내가 돌아갈 때 가장 먼저 일어나 배웅을 해준 이도 그 청년이었다.

6

고마운 마음은
그 즉시 전하자

작은 배려 하나 때문에 인생일대의 결심을 하는 경우도 있다. 이 번에는 다른 사람의 이야기가 아닌 나의 이야기이다.

15년 전, 대학을 갓 졸업한 28살의 나는 리쿠르트 홀딩스라는 회 사에 들어가서 학교법인 영업을 했다. 입사하고 5년 정도 지나고 업무가 안정되어 착실히 실적을 쌓아가고 있던 즈음의 일이다. 그 때 나는 최우수 영업사원상을 몇 번인가 수상하고, 업무에 자신이 부쩍 생긴 시기였다.

어느 날 아내가 이제 아이도 생길 텐데 생명보험 하나는 들어야 하지 않겠냐며 영업사원을 만나볼 것을 권유했다. 앞서 언급했듯 이 당시의 나는 생명보험에 대해 아주 부정적인 이미지를 갖고 있었다. 영업사원이 방문해도 단 한 번도 상담을 해본 적이 없었던 터라 아내의 말에 적극적으로 찬성하지 못했다.

속으로는 아직 결혼한 지 얼마 안 됐는데 왜 벌써 내가 죽을 때를 생각하는지 불만이었지만 아내의 마음을 이해 못 하는 것도 아니었다. 일단 이야기만이라도 들어보기로 하고 보험 영업사원과 약속을 잡았다. 그렇게 우리집에 찾아온 사람이 푸르덴셜 생명보험의 영업사원이었다. 그는 리쿠르트 홀딩스 영업부에서도 직장생활을 했고, 아내의 예전 상사이기도 했다. 아내는 그 사람의 권유로 몇 년인가 전에 이미 생명보험을 들어둔 상태였다.

아내의 소개로 우리 집에 방문한 그는 "생명보험이란 사람이 사람을 생각하는 마음을 형태로 만든 것이지요"라는 말로 이야기를 시작했다. 상품에 대한 설명 대신 생명보험의 역할과 필요성에 대해 쉽게 풀어서 이야기해주었고, 보험에 전혀 흥미가 없는 나도 금방 이해할 수 있었다. 강하게 권유하지 않으면서 보험에 관련된 에피소드를 이야기해주니 점점 설명에 빠져들었다.

내가 보험을 잘 알지도 못하면서 무조건 싫어하기만 했다는 사실을 깨닫고, 다음 방문 때에는 상품에 대한 설명을 듣기로 약속했다. 그리고 집을 나서는 영업사원의 배웅을 위해 현관으로 나갔다.

"여기요."

"아, 괜찮습니다."

현관에서 내가 내민 구두주걱을 정중히 거절한 그는 정장 안주머니에서 휴대용 구두주걱을 꺼냈다. 그리고는 작은 구두주걱을 이용해서 재빨리 구두를 신고 씩씩하게 현관을 나섰다.

군더더기 없이 멋있고 세련된 동작에 나는 그만 넋을 놓아버렸다. 유명한 스포츠 선수가 경기장에서 뛰는 모든 동작이 아름답게 보이듯 나는 그에게서 일류 영업사원의 아우라를 느꼈다. 그러면서 동시에 고객의 집을 방문했을 때 했던 나의 행동들을 돌이켜보았다.

고객의 구두주걱은 당연히 사용하지 않았지만 검지를 뒤꿈치에 밀어 넣어서 구두를 신었고 심할 때는 구두의 앞코를 콩콩 두들기며 신기도 했다.

'최우수사원상을 받고 어엿한 영업사원이 되었다고 생각했는데, 난 아직 멀었구나, 아직 햇병아리야.'

구두 신는 법 하나가 인상을 좌우할 거라고는 생각해 보지 못 했다. 이렇게 사소한 부분까지 챙기는 영업사원이라니, 나와는 비교 자체가 불가능했다.

지금까지 만난 고객들이 나를 어떻게 생각했을지, 이제까지의 미숙함을 통감하고 부끄러워질 정도로 보험 영업사원과 만남은 나에게는 큰 충격이었다.

'영업사원은 방문자이지 손님이 아니다. 그렇기 때문에 영업사원은 가급적 고객의 물건을 사용해서는 안 된다. 구두주걱 하나라도 그런 배려가 필요하다.'

이것은 바로 이 만남 이후로 내가 지금까지도 중요하게 생각하는 영업 마인드이다.

보험을 싫어했던 나지만 나는 그의 두 번째 방문을 내심 기다렸다. 그를 기다리며 나는 이미 보험에 들어야겠다고 결심했다. 보험 내용이 어떤지에 대한 생각보다 이 사람에게서 보험을 사고 싶다는 마음이 들었기 때문이다.

그날도 그는 휴대용 구두주걱을 사용해서 스마트하게 구두를 신고 돌아갔다.

"이야기도 잘하고, 정말 대단한 사람이야."

내 자신이 영업사원이라는 사실을 잊을 만큼 그의 행동에 매료되었는데, 그는 다음 날 다시 한 번 나에게 큰 충격을 주었다.

출근 전 무심코 우편함을 열어보니 한 장의 엽서가 들어 있었다. 보낸 사람은 몇 시간 전까지 우리집에 있던 영업사원인 그였다.

"오늘 이야기를 들어주셔서 감사합니다. 저는 아직 많이 부족한 영업사원이지만 앞으로 함께 성장해 나가길 바랍니다."

엽서에는 그런 취지의 내용이 손글씨로 적혀있었다. 글씨는 마치 지렁이가 꿈틀거리는 듯했다(실례가 되는 말이지만, 사실이다).

나는 그 글씨를 보며 이렇게 생각했다.

'방문한 다음날 아침 이미 도착해 있는 엽서. 게다가 아주 심한 악필. 분명 그는 우리 집을 나온 순간 이 근처 벽에 기대어 편지를 쓴 뒤 바로 우편함에 넣었던 것이 틀림없다.'

맨션 입구에서 벽에 엽서를 대고 불안정한 자세로 편지를 쓰는 모습이 떠올랐다. 회사에 돌아간 후에 감사의 편지를 쓰는 것만으로도 충분했을 텐데, 그는 고객과 헤어진 후 바로 엽서를 썼다.

엄청난 마음 씀씀이라고 생각한 나는 그 이후 그의 팬이 되어버렸다. 그 때문에 생명보험에 가입했을 뿐 아니라 그로부터 2년 후 '함께 업계를 바꿔보자'는 그의 권유에 망설임 없이 푸르덴셜 생명으로 이직을 결정하였다.

후에 알게 된 사실인데, 이 일화에는 함정이 있었다. 같은 직장에서 일하게 된 다음, 그가 평소에도 상당한 악필의 소유자라는 사실을 알게 된 것이다. 그러나 당시 나는 그런 악필에서조차 숨겨진 깊은 뜻을 찾을 정도로 그 사람의 자상한 배려에 매료되어 있었다.

냉정하게 생각해 보면 휴대용 구두주걱을 가지고 다니거나 바로 감사의 엽서를 쓰는 행동은 정말로 별거 아닌 행동일지도 모른다(나도 바로 따라할 수 있었을 만큼). 그러나 누군가는 그런 작은 배려에 감격해서 상품을 사고 심지어 이직까지 한다.

이제까지 몇 천명을 만나왔고 다양한 사람의 '사소한 배려'에 몇

번이나 감동을 맛보았다. 게다가 작은 배려가 사람의 마음을 크게
움직인 경우도 많았다. 어떤 업무든 사람이 하는 이상 배려는 언제
나 중요한 요소다.

2

상 대 의
마 음 을
움 직 이 는
힘

진짜 배려는
디테일이
살아있다

1
삐딱한 자세만큼
삐딱한 사람이 된다

'롤플레잉(role playing)'이라는 영업 토크 연습이 있다. 영업사원 두 사람이 짝이 되고, 한 사람씩 돌아가며 고객이 되어 실제처럼 이야기하는 연습인데, 두 사람의 모습을 카메라로 촬영해보면 스스로는 알 수 없었던 여러 가지 사실을 알 수 있다.

예를 들며 몸이 살짝 사선을 향해 있다든가 몸동작이 생각보다 작다든가 하는 것인데, 자신의 모습을 보고 이를 영업에 참고할 수 있다. 심한 경우 녹화된 내용을 참고로 본격적인 행동교정을 하기도 한다. 나는 이를 통해서 코를 만지는 내 버릇을 알게 되었다. 문제가 될 정도는 아니었지만 그 이후로 의식하면서 서서히 버릇을 고쳤다.

롤플레잉에서 가장 중요한 포인트는 반드시 고객의 시선에서 촬영한다는 점이다. 이는 자신이 고객의 눈에 어떻게 비치는지 확인하고 '상대의 시선'으로 생각하는 방법을 배우라는 것이다. 그것이 영업의 기본이다.

상대의 시선으로 생각한다.

이는 배려를 실천할 때에도 동일하게 적용되는 원칙이다. 이 기본 전제가 없다면 말도 안 되는 실례를 범하기도 한다.

예전에 이런 일이 있었다.

나와 후배, 거래처 사장님과 그 회사의 신입 영업담당 여직원. 이렇게 네 명이 식사를 한 적이 있다. 일식집 테이블 자리에서 식사를 했는데, 반대편에 앉아 있는 젊은 여직원의 자세가 아주 신경이 쓰였다. 팔걸이에 팔을 올리고 등은 의자에 삐딱하게 기댄 채 이야기를 듣고 있었다(실제로 이렇게까지 심하지는 않았다. 일부러 조금 과장되게 표현하였다).

"신입이라고 만만하게 보이지 않겠어!"

그녀는 이런 마음으로 우리를 대했는지 꽤 무례하게 느껴질 정도였다. 사장님과 나는 등받이에서 약간 떨어져서 의자의 앞쪽에 앉아 이야기를 나누었다. 상대를 존중하고자 한다면 이런 자세는 자연스럽게 나온다. 솔직히 그녀를 보면서 '얼마나 대단한 사람이길래 저런 태도인 거야?'라는 생각이 들 만큼 불쾌했지만 나무랄 수도 없었다.

그러다가 문득 옆에 앉아 있는 후배에게로 시선을 돌렸는데, 그도 그녀와 똑같이 팔걸이에 팔을 올리고 등받이에 깊숙이 기댄 채 이야기를 듣고 있는 것이다(이 역시 그렇게까지 심하지 않았을지도 모른다). 나는 서둘러 화장실로 가서 종이에 이런 메모를 써서 돌아왔다.

'등받이에서 몸을 좀 세워 봐. ○○씨(여성의 이름)가 계속 등받이에 기댄 채 이야기를 듣고 있는 모습이 나는 조금 불쾌하네. 그런데 지금 자네의 자세가 ○○씨와 닮아 있어.'

종이 위에 화장실에 가서 읽고 오라는 말을 적은 뒤 후배에게 슬쩍 건넸다. 잠시 후 후배는 화장실에 가서 메모를 보고 돌아와서는 자세를 고친 뒤 이야기를 듣기 시작했다. 식사가 끝나고 후배에게 말했다.

"영업을 할 때 말투나 이야기의 내용도 중요하지만, 그보다 더 중요한 것은 상대방의 입장에서 생각하는 능력이야. 영업에 있어서는 아주 근본적인 부분이거든."

이어서 그에게 물었다.

"아까 그 사장님 말이야, 의자 등받이에 몇 번이나 기댔는지 혹시 기억 나?"

"두세 번 정도요."

"맞아. 그것도 아주 잠깐. 자세에 신경을 쓰면서 이야기를 나누었다는 것이지. 사장님도 신경을 쓰는데, 자네가 등을 기댄 채로 말하는 모습이 보기 좋지 않아서 조심스럽게 쪽지를 보냈어."

"무의식중에 저도 모르게. 조심할게요."

"혹시 여자 사원은 어때 보였어?"

"선배님의 쪽지를 읽고 나서 보니까, 계속 등을 기대고 앉아 있더라고요. 확실히 무례한 느낌이었습니다."

"어쩌면 자네도 그렇게 보였을지도 몰라."

"부끄럽네요. 사실 아내에게도 몇 번인가 이런 지적을 받은 적이 있습니다."

그는 나이가 어린 것도, 그렇다고 사회경험이 없는 것도 아니었다. 그도 이미 30대 후반이었고, 일본을 대표하는 큰 은행에서 일한 적도 있다. 어엿한 사회인이자 훌륭한 경력을 가진 그조차도 주의하지 않으면 놓칠 만큼 상대의 입장에서 생각하기란 아주 어려운 일이다.

분위기를 바꿔 후배를 좀 칭찬하자면, 그는 아주 머리가 좋은 사람이다. 명석한 사람 중에는 의외로 다른 사람의 조언을 받아들이지 못하는 사람이 많은데, 그는 달랐다. 적극적인 자세로 조언 하나하나를 전부 받아들이려고 노력했고, 이후 똑같은 실수를 범한 적 없다. 그가 지금껏 빠르게 성장한 것은 어쩌면 당연한 결과일지도 모른다.

　나도 실례를 범한 적이 많다. 그러나 상대를 존중하는 마음으로 상상력을 발휘하면 실례를 범하는 일은 현저하게 줄어든다. 마음가짐이 자신을 바꾼다.

　이번 장에서는 작은 배려를 실천하기 위한 역지사지에 대해 이야기하려고 한다.

2

한 글자의 마법,
1/1 대신 1/1(월)

후배의 자세에 대해 언급한 일이 있고 나서 몇 개월 뒤의 일이다. 다시 그 후배와 함께 동행할 일이 생겨 고객을 같이 찾아갔다. 그날은 후배가 계약진행자였기 때문에 약속 장소와 시간도 그가 정해야 했다. 만나기로 한 전날 후배와 나눈 문자메시지를 여기에 소개하고자 한다.

후배 내일 말입니다, 긴신초 역과 오시아게 역 양쪽 모두 도보 8분입니다. 어느 쪽이 더 편하신가요?

가와다 아무 데나 상관없어. 네가 편한 곳으로 해. 난 한조몬 선으로 갈 예정이야.

후배   그럼 한조몬 선 긴시초 역에서 내리신 다음, 진행방향 앞
      쪽, 1번 출구를 나온 지점에서 9시 50분까지 와주시기 바
      랍니다.
(후배에게 양해를 구하고 전문 그대로 게재하였다)

이 대화를 보고 어떤 생각이 드는가. 언뜻 봐서는 특별할 것 없
는 평범한 대화에 지나지 않지만, 나에게는 후배의 성장을 엿본 듯
한, 아주 기분 좋은 대화였다.

그가 기특하게 느껴진 부분은 '진행방향 앞 쪽'이라는 말이었
다. 그 짧은 단어 하나에서 내가 약속장소로 어떻게 가야 하는지
후배는 먼저 나의 입장이 되어보았다는 것이 느껴졌다. 아무런 말
을 해주지 않았다면 아마 나는 도착해서도 1번 출구가 어디에 있는
지 찾아 헤매었을 것이다. 나 자신도 알아차리지 못한 사소한 의문
을 후배가 알아차리고 구체적으로 말해준 덕분에 나는 짧은 시간
에 느꼈을 법한 작은 스트레스조차 없이 약속장소에 도착했다.

아마 후배는 약속 장소가 익숙하지 않은 나를 위해 인터넷으로
미리 조사했을 것이다. 얼마나 고맙고 또 기분이 좋은가. 그날의
기억을 마음에 새기며 자신을 바꾸려고 노력하는 모습과 그가 베
푼 배려에 기분 좋게 그날의 동행을 마칠 수 있었다.

단 몇 줄의 짤막한 메시지도 상대에게 큰 영향을 준다. 어쩌면 요즘 시대에는 글자가 커뮤니케이션의 중심으로 자리잡아 가고 있기 때문에 그 영향력은 점점 더 커지고 있다. 그렇다면 메시지에 더 많은 배려가 필요해졌다고 해도 과언이 아니다.

메시지를 쓸 때 내가 강조하고 싶은 배려는 바로 '요일'이다.

'1월 1일 괜찮으신지요?'

의견을 묻는 평범한 문장이지만, 자신의 스케줄을 날짜가 아닌 요일로 기억하는 사람은 의외로 많다. 또, 월요일인지, 금요일인지에 따라서 떠오르는 이미지도 다른데, 월요일 저녁은 괜찮지만, 금요일은 피하고 싶은 마음, 대부분 이해할 것이다.

수첩을 펼치면 자연스레 스케줄이나 요일이 확인되지만 '1월 1일(월) 괜찮으신가요?'처럼 요일을 붙여 쓰면 보는 순간 대략적인 판단이 서기 때문에 스케줄을 확인하는 수고를 덜게 한다.

또 하나 의외로 등한시하기 쉬운 부분이 '서명'이다.

'푸르덴셜 생명 가와다'

물론 이렇게 간단하게 적은 서명으로도 별다른 문제는 없겠지만, 주소나 연락처를 써 두는 편이 더 좋다.

예를 들어 등기나 택배를 보낼 때 주소를 쓰기 위해 명함을 찾는 일은 꽤나 수고로운 일이다. 나의 회사의 경우 고객의 주소를 찾으려면 계약서 데이터를 찾은 뒤 패스워드를 넣어서 검색해야 하는 상당히 번거로운 과정을 거친다. 그러나 메일 서명에 자세한 내용이 적혀 있으면 수신메일 검색만으로 바로 확인할 수 있다.

스스로 편리하다고 느낀 부분은 상대방에게도 그 편리함을 느낄 수 있도록 한다. 이것이 역지사지의 기본 전제이다.

평소 알고 지내는 감사법인 사무소는 다른 경쟁업체보다 상담 건수가 유독 많다. 어느 날 그 이유를 물었더니 그 분은 대수롭지 않다는 듯 대답했다.

"간단해요. 문의메일을 받으면 그날 바로 회신을 하는 거예요. 이쪽 업계에서 빠른 피드백은 사실 드물거든요."

변호사나 법무사, 그밖에 선생님이라고 불리는, 이른바 '사자 직업'의 사람은 특히 다른 업계보다 고객에 대한 배려가 부족해서 고객들은 사소한 배려 하나만으로도 차별화된 서비스를 받는다고 여긴다고 한다. 물론 이런 배려가 주된 이유는 아니겠지만 문의메일에 대한 신속한 대응 하나로도 타사보다 훨씬 다른 이미지를 갖게 된다.

이 사무소는 고객의 니즈를 파악하고 메일 한 통도 가볍게 여기지 않았기 때문에 고객들의 마음을 잡을 수 있었다.

자, 그럼 이제 메일을 보내기 전 상대방 입장이 되어 한 번씩 체크하는 습관을 익혀보자.

3

배려심도
훈련해야 한다

어느 닭꼬치 집에서 겪은 일이다.

카운터에 앉아 식사를 하고 있는데 조금 떨어진 자리에 앉아 있던 여성이 카디건을 어깨에 걸쳤다. 그러자 카운터 안에서 조리를 하던 직원이 그녀에게 물었다.

"추우신가요?"

여성은 카디건을 가리키며 대답했다.

"아, 괜찮아요. 이거 걸치면 돼요."

손님이 추워하는지 걱정스럽게 묻는 직원은 어느 가게에서든 흔히 볼 수 있다. 그런데 30분 정도 지났을 무렵 여성 손님이 이번에는 카디건을 여몄고, 그 모습을 본 직원은 홀 직원에게 무릎담요를 가져다달라고 요청했다.

　나는 그 모습을 옆에서 보면서 멋진 행동이라고 생각했다. 여성의 동작은 정말 작았는데도 조리 담당인 그 직원은 그녀의 행동을 알아차렸다. 그것은 여성이 카디건을 어깨에 걸쳤을 때부터 계속 그녀를 신경 썼다는 의미이다. 만약 직원이 다시 물었다면 여자는 어쩌면 괜찮다고 대답했을지도 모른다. 그런 상황까지 고려해서 직원은 다시 묻지 않고 바로 그녀에게 담요를 가져다 준 듯했다.

　사소한 동작도 놓치지 않는 관찰력, 고객의 입장에서 생각할 수 있는 상상력, 다시 묻지 않고 담요를 챙겨주는 판단력. 모든 면에서 그 직원은 훌륭했다.

　시간이 지나, 닭꼬치 가게의 사장님과 이야기를 나눌 기회가 있어서 이 일화를 이야기했다.

　"그런 모습을 보다니, 정말 멋진 가게라고 생각했습니다."

　나의 칭찬에 사장님은 직원들이 매일 하는 조금 특이한 규칙에 대해서 알려 주었다.

　사장님이 말한 규칙은 미팅시간 동안 매일 20분 간 직원들이 각자 30cm 정도의 공간을 책임지고 깨끗이 닦는 일이었다. '30cm 정도의 공간'이 포인트다. 좁은 범위를 20분 간이나 계속 닦다니 어리석지 않은가. 그런데 이 행동은 더러움을 닦는 것이 목적이 아니라 사소한 부분을 알아차리고 배려할 수 있는 감성을 기르는 훈련이라고 한다.

나는 고개를 끄덕였다. 책상이나 테이블을 닦을 때 잘 지워지지 않으면 더욱 힘주어 닦기도 하고 걸레를 바꿔보기도 하며 요리조리 방법을 생각해낸다. 그래서 결국 지우고야 만 경험은 아마 모두 있을 것이다. 또, 한 구역을 열심히 공들여 닦다 보면 옆에 있는 다른 얼룩이 눈에 들어오기도 한다. 그러다가 살짝 비뚤어진 물건을 제자리에 두고, 열을 맞추며 물건의 각도까지도 괜히 맞춰보곤 한다.

하나의 부분에 세심한 주의를 기울이다 보면 점점 더 넓은 부분으로 파생되어 의식의 변화로까지 이어진다. 평소에 이러한 감성을 갈고 닦기 때문에 그 직원은 손님의 작은 동작까지도 알아챌 수 있었던 것이다.

가게 화장실에는 '소방서가 인정한 이 지역의 가장 깨끗한 화장실입니다. 감사합니다.'라는 글귀가 붙어있다. 여러 의미에서 훌륭한 가게가 아닐 수 없다.

멋진 가게란 화려한 인테리어나 조명으로 장식된 곳이 아니다. 일하는 사람들이 배려심이 가득하고, 그 덕분에 고객의 마음이 편안해지는 곳이다.

4

겉치레 배려와
진짜 배려의 차이

나의 첫 저서인 《가방은 손수건 위에》는 베스트셀러에 오르며 많은 사랑을 받았다. 잘 모르는 독자들을 위해 덧붙이면, 이 책은 영업을 하면서 내가 실천하고 있는 배려에 관한 내용이다. 그중 가장 대표적인 것이 가방을 손수건 위에 두는 행동이다. 나는 고객의 집이나 신발을 벗고 들어가야 하는 사무실에 가면 손수건을 펼친 뒤 그 위에 가방을 올려둔다. 왜냐하면 영업용 가방은 지하철이나 사무실 바닥에 자주 내려 두는데, 그런 가방을 맨 바닥에 둔다는 것은 흙 묻은 발로 집안을 걷는 행동과 마찬가지이기 때문이다.

많은 사랑을 받은 만큼 책에 대한 감상메일도 많이 받는데, 정말이지 몇 번이나 감사인사를 드려도 부족한 일이다. 독자들이 보낸 모든 메일은 하나하나 정성들여 읽는 편인데, 그중 조금 신경이 쓰이는 메일이 있다.

감상은 크게 두 갈래로 나뉜다.

'나도 내일부터 가방을 손수건 위에 두겠습니다' 같이 영업 노하우나 테크닉에 대한 감상과 '이 책은 테크닉에 대한 이야기인 듯하지만 사실은 그렇지 않네요. 일이나 인생의 마음가짐에 대한 이야기를 하는 책이라고 생각합니다' 라는 마음가짐에 대한 감상이다.

이 둘 중에 내가 더 전하고 싶었던 메시지는 후자이다. 중요한 것은 테크닉이 아니라 마음이다. 이러한 내용을 전하고자 했지만 부족한 어휘력 탓에 내 생각을 정확히 전달하지 못했다.

가방을 손수건 위에 올려 두지 않은 영업사원은 기본이 안 된 사람이라고 판단해버려서는 안 된다. 마음에서 우러나오는 배려의 실천법을 이야기한 것이지 테크닉을 따라하라는 의미가 아니다. 그래서 메일을 보내준 분들에게 나는 이런 회신을 보낸다.

"당신의 안에서 변화가 찾아왔나요?"

앞서 소개한 닭꼬치 가게는 30cm 공간을 철저하게 닦으면서 고객의 사소한 동작을 캐치하는 능력을 길렀다. 마찬가지로 '가방을 손수건 위에 두는' 하나의 고객의 다른 부분까지 챙겨볼 수 있게 하는 나만의 훈련인 것이다. '가방은 제대로 올려 두었으면서 구두를 더럽게 둘 수는 없지' 라든가 '고객의 집 앞에서 구두를 한 번 털고

가야겠다'라든지 말이다.

변화가 내면에서 시작되지 않는다면 이는 겉치레일 뿐 본질적인 배려는 아니다.

나 역시 그러했다.

가방을 손수건 위에 올리게 된 것도, 휴대용 구두주걱을 지참하게 된 것도 처음에는 그저 선배의 행동이 멋지다는 생각에서 따라 한 것이었다. 고객이 나를 조금 더 기억해주었으면 하는 단순한 바람에서 시작했다. 사실 고객을 위하는 마음이라기보다는 영업을 위한 계산적인 마음에서 시작된 것이다.

그런데 상대방을 배려하는 행동을 따라 하는 사이, 점차 내 안에 변화가 찾아왔다. 상대방이 기쁘면 나도 기뻤고, 점점 업무만이 아니라 인간관계 자체에서 보람을 느끼기 시작했다. 요컨대 하나의 변화가 연쇄작용을 일으켜 연달아 변화를 불러일으켰다.

예를 들어 출장 차 호텔에 숙박할 일이 있으면 나는 세면대를 타올로 닦은 뒤에 체크아웃을 한다. 특별한 이유가 있는 것은 아니다. 내가 생각하기에 수도꼭지 주변은 가장 닦기 어려운 장소인데, 그런 곳이 깨끗하다면 청소하러 온 직원이 조금이나마 따뜻한 기분이 들지도 모르겠다는 단순한 발상에서 시작된 행동이다. 업무와 관계없는 행동이거니와 청소직원과는 더더욱 아는 사이도 아니다. 단순히 '기뻐하는 상대의 모습'을 생각했을 뿐이다.

계기는 골프장 화장실에서 겪었던 일이다.

몇 년 전, 프리미엄 골프장 화장실에서 손을 씻고 물기를 닦아 세면대를 정리하는 사람을 보았다. 놀란 나는 그곳에서 잠시 지나가는 사람들을 보고 있었는데, 화장실을 방문한 모두가 방금 본 사람과 같이 세면대를 정리하고 나가는 게 아닌가. 이는 자신의 뒤에 세면대를 사용할 사람을 위한 작은 배려였다.

골프장의 품격은 화장실 세면대를 보면 알 수 있다는 말이 있다. 세면대를 닦는 배려를 배운 후로 나는 호텔에서도 체크아웃을 하기 전 세면대를 닦는 것이 습관이 되었다. 공공화장실처럼 바로 다음에 누군가가 사용하지는 않지만, 행위 자체가 중요하기보다는 누군가를 배려하는 마음이 중요하기 때문에 충분히 의미 있는 행동이라고 생각한다.

이는 내 안에 찾아온 변화 중 하나였다. 이러한 변화를 경험하였기에 나는 나에게 메일을 보내준 분이 변화를 경험하기를 바랐다.

"당신의 안에서 변화가 찾아왔나요?"

시작은 흉내만으로도 충분하다. 중요한 순간은 그 다음이다.

겉치레 배려로 끝나지 않고 자신의 안에 변화가 일어나는 것이 가장 중요하다.

5
오늘 하루, 단 하나의
좋은 일을 하라

배려심은 무엇보다도 평소 마음가짐이 중요하다

　아내나 아이들이 이 이야기를 들으면 깔깔대며 비웃거나 어이 없다는 듯 쳐다볼지도 모른다. 왜냐하면 부끄럽게도 나는 집에서 는 거의 아무 일도 하지 않는 인간이기 때문이다. 휴일이면 언제나 소파에 누워서 빈둥거리고 내가 벗어 놓은 스웨터는 구겨진 채 거 실에 굴러다닌다. 스스로 정장을 행거에 걸어 정리하는 일도 최근 에서야 겨우 하게 되었다. 아마 가족들은 집에서나 배려심을 발휘 했으면 좋겠다고 생각할 것이다.

　그럼 평소에 배려를 의식하는 이유가 업무를 위함이냐고 묻는 다면 꼭 그렇지는 않다. 내가 존경하는 푸르덴셜생명 일본지부 창

업자인 사카구치 기요후미 씨가 생전에 한 말이 있다.

"오늘 하루, 나는 단 하나 좋은 일을 합니다. 그러나 만약 그 일을 다른 사람이 보았다면 나는 그 일을 좋은 일이라 여기지 않습니다."

나는 이 말이 아주 좋다.

'다른 사람이 보지 않는 곳에서 좋은 일을 하자. 평소의 행동이 나의 인간성을 높인다.'

아마 이런 의미일 것이다. 비슷한 느낌으로 나도 언제나 신이 보고 있다는 믿음을 가지고 있는데, 특별히 종교가 있어서라기보다 이런 믿음이 행동을 조심스럽게 만들어주기 때문이다.

다른 사람이 보지 않을 때 하는 행동, 어쩐지 그 순간에 진짜 인간성이 드러나는 듯한 기분이 든다(이렇게 얘기는 하지만, 솔직히 내가 성인군자가 아니기에 좋은 행동을 하지 못할 때가 많고 반성도 많이 한다).

화장실 휴지를 생각해보자. 내가 이용하고 난 뒤 화장실 휴지가 다 떨어졌다면 그 다음에 이용할 사람이 곤란하다고 누구나 생각한다. 그럼에도 불구하고 휴지를 보충하는 사람과 그렇지 않은 사람이 있다. 물론 휴지를 채워 놓았다고 해서 박수를 받으며 감사를 표하지는 않는다.

회사나 집의 경우, 다음에 이용할 사람이 누구인지 대략 알 수 있지만, 공중화장실이라면 전혀 모르는 사람일 확률이 높다. 채워 두지 않더라도 누군가의 불만을 듣거나 비난을 받을 일도 없다. 그러나 "채워 두는 게 좋지 않겠어요?"라고 물으면 "아무래도 그렇죠"라고 대답하지 않을까?

이렇게 누군가가 오늘 하루 하나쯤은 좋은 일을 한다면, 분명 지금보다 더 살기 좋은 세상이 될 것이다. 한 사람의 행동은 아주 작은 움직임에 불과하다고 생각할지도 모르지만 세상은 원래 작은 행동들이 모여 만들어진다

"그렇다면 집에서도 배려를 하세요"라고 한다면 할 말은 없지만….

나는 원래 그다지 배려심이 깊은 타입이 아니었는데, 영업이라는 일을 통해 주변 사람들을 공경하고 고마움을 숨김 없이 표현하는 사람으로 바뀌었다. 그러니 집에서만큼은 봐 달라며 가족에게 양해를 구하고 있다.

6

**좋은 회사에 다닐수록
더 배려하다**

본래 배려심이 깊은 타입이 아니었던 내가 배려를 의식하게 된 계기는 바로 이직이었다.

예전에 근무했던 리쿠르트 홀딩스는 일본에서 유명 정보지를 발행하는 기업이었고, 친숙한 TV 광고 덕에 일반 사람들도 꽤 알고 있었다. 근무 당시에는 알지 못했지만, 생명보험사로 이직한 이후에는 대기업 인지도의 고마움을 절절히 체감하였다.

앞서 언급했듯 생명보험 영업은 기본적으로 사람들에게 환영받지 못한다. 게다가 내가 입사했던 때에 푸르덴셜 생명은 100명 중 1~2명만 알 정도로 거의 무명에 가까운 회사였다. 미움 받기 쉬운 업종에다가 무명의 회사. 고객과 상담하거나 기업 홍보를 나갈 때

마이너스 이미지에서 시작하는 것이 기본이었다. 이런 마이너스 인상을 조금이라도 줄여보고자 궁리에 궁리를 거듭했다.

결국 승부처는 '나 자신'이었다. 스스로를 갈고 닦아 조금이라도 고객에게 호감을 주기 위해 노력할 수밖에 없었다. 그래서 나에게 는 '배려'가 필요했다.

악착스럽게 업무에 매달렸더니 이직하고 4년이 지났을 즈음에 영업직의 최고직인 이그제큐티브 라이프플래너로 승진했고, 영업 실적도 전국 1위를 차지했다. 5년 뒤 나의 사고방식과 마음가짐, 행동법을 메시지로 전달해보지 않겠냐는 출판사의 제안에 《가방은 손수건 위에》가 세상에 나오게 된 것이다.

출간 이후 어느 날, 일본 유수의 증권회사에서 프라이빗 뱅커들을 위한 스터디클럽을 여는데 나에게 강의를 해줄 수 있느냐고 연락을 해왔다. 흔쾌히 수락했다.

강의 당일, 좋은 회사에 가는 만큼 긴장과 설렘을 가득 안고 강의장소로 갔다. 그런데 기다리고 있는 사람들을 보고, 무례한 말이지만 나는 이렇게 생각했다.

"이 사람들이 진짜 ○○증권 사람들?"

학력으로도 직업으로도 초엘리트이기 때문에 나는 그들을 세련되고 스마트한 이미지로 상상했다. 초롱초롱하게 빛나는 눈빛과 열정 가득한 태도 같은 것을 포함해서 말이다. 그러나 그들에게서 그런 인상은 받지 못했다. 첫인상이 의외로 잘 안 맞는 것이겠지, 생각했지만 스터디클럽의 모든 일정을 끝낸 뒤에도 바뀐 것은 없었다.

그로부터 얼마 간의 시간이 지났을까, 스터디클럽에 출석했던 한 사람에게서 한 통의 메일을 받았다.

'가와다 씨가 우리에게서 받은 느낌을 솔직하게 말해주세요.'

조금 고민했지만 그의 요청에 따라 나는 내가 받은 느낌을 솔직하게 전하기로 했다.

'조직력이 강한 곳이기 때문에, 어쩌면 각자 자신을 갈고닦는 시간이 부족했던 것은 아닌지, 라는 생각을 했습니다.'

지성도 감성도 일본의 탑클래스에 속한 사람들이다. 그러나 좋은 회사에서 잘 정비된 시스템에만 기대어 업무를 하다 보니, 그 감성은 어쩔 수 없이 무뎌진 것일지도 모른다. 조금 더 과하게 표현하자면 자신을 가꾸지 않은 탓에 녹슬어 버렸다.

사회의 주역들이 자신을 갈고닦지 않으면 미래를 이끌어갈 힘을 얻지 못한다. 이러한 내용까지 솔직하게 메일에 담았다. 얼마 뒤 답장이 왔다.

'역시 가와다 씨의 눈에도 그렇게 보였습니까. 확실히 우리는 자신을 갈고닦는 일에 소홀했습니다. 가와다 씨의 얘기를 들으면서, 나 자신을 내걸고 책임감있게 업무에 임해야 발전한다는 것을 확

실히 배웠습니다.'

조금 강하게 말한 것 같아 불편했지만, 이를 계기로 그들의 의식에 변화가 찾아오길 바랐다.

조직에 기대어 자신을 갈고닦는 일을 등한시하는 사람들은 의외로 아주 많다. 나 역시 그랬다. 그러나 다행히 나에게는 이직이라는 기회가 찾아왔다. 그것도 거의 알려지지 않은 무명의 생명보험사. 다른 사람이 보기에는 플러스가 전혀 없는 이직이었지만 오히려 그렇기 때문에 나는 필사적으로 공부하고, 배려 감성을 키우기 위해 노력했다. 결과적으로 나에게는 굉장한 플러스였다. 생각해 보면 모든 일이 좋았다.

지금은 조직의 보호 속에 있겠지만, 그 혜택을 계속 누릴 수 있다는 확신을 가져서는 안 된다. 결국 마지막에 기댈 곳은 '자신' 뿐이다. 그렇다면 그 순간 무엇이 필요한지 꼭 한 번 생각해 보았으면 좋겠다.

3

상 대 의
마 음 을
움 직 이 는
힘

성공한 사람들은
모두 배려의
달인이다

1

우리 회사에서 일해,
꼭 행복하게 해주겠네

일은 99%가 배려.

이렇게 생각하게 된 이유는 지금까지 만난 성공한 경영인들 모두가 배려의 달인이었기 때문이다. 회사를 경영하면서 승승장구하는 사람들은 모두 자신만의 '작은 배려'를 실천하고 있었다. 배려가 몸에 배어 있기 때문에 비즈니스에서도 무언가 남다른 성공을 이뤄낸 것이다.

이번 장에서는 이렇게 비즈니스 현장에서 활약하고 있는 매력적인 사람들에 관한 일화를 소개하려고 한다.

제일 먼저 이야기하고 싶은 사람은 어느 지방에서 농업계 회사를 경영하는 사장님이다. 회사는 50명 정도의 직원을 두고 있고 꾸준히 성장하고 있다. 사장님은 매출뿐 아니라 지역활성화와 종업원의 행복을 진지하게 고민하는 사람이었다.

회사보험 상담으로 사장님을 찾아뵙게 되었고, 세 번째 방문했을 때 일이다. 그날따라 사장님이 이상하게 자꾸 시계를 봤다.

"혹시 바쁘신 일이 있으신가요?"

나는 조심스럽게 물었다. 사장님은 기쁜 얼굴로 웃으며 대답했다.

"근처에 요상한 가게가 있어서 점심시간에 직원들과 같이 가기로 약속해서요."

"요상한 가게요? 어떤 가게이길래요?"

"냉카레라고 희한한 메뉴가 있는 가게인데, 그게 또 별미라 직원들과 가기로 했거든요."

그 생각에 벌써부터 즐거우신지 미팅에 집중을 못하는 것이었다. 왠지 귀엽기도 하고 존경스럽기도 했다. 첫 방문 때부터 참 스스럼이 없고 편안한 분위기라고 느꼈는데, 직원 한사람 한사람을 귀하게 여기는 사장님의 영향이었던 것 같다.

이 회사는 건물로 들어서면 복도벽 한 면에 직원들의 사진과 각자의 좌우명이 함께 붙어 있다. 이렇게 직원들의 사진을 붙여놓은 회사의 대부분은 사장님의 사진이 제일 앞이나 위에, 혹은 크게 걸려있는 경우가 많다. 그러나 이 회사는 사장님의 사진이 보이지 않았다. 벽에 걸린 사진을 찾던 중 가장 아래쪽, 다른 직원들 사진 틈 전혀 눈에 띄지 않는 곳에서 사장님의 사진을 발견했다. 얼굴을 모르는 사람이라면 이 중 누가 사장인지 절대 알 수 없을 정도였다.

그 사진을 보는 순간 이 사람은 직원들의 입장을 헤아릴 줄 아는 사장이라는 생각이 들었고, 실제로도 그 생각이 꼭 들어맞는 사람이었다. 대규모 회사가 아닌데도 지주회의를 만들고, 복리후생 하나도 직원들의 입장에서 생각했다.

사장님이 직원들과 냉카레를 먹으러 나간 후 나는 다른 직원의 안내를 받아 공장으로 이동했고, 그때 안내를 해준 직원에게 물었다.

"사장님은 어떤 사람인가요?"

"글쎄요…. 표현은 잘 못하겠지만, 저는 사장님을 좋아합니다."

그 직원은 원래 다른 업계에 있다가 사정이 있어서 처가가 있는 이곳으로 이사를 왔다고 한다. 원래는 이전과 같은 업계의 일을 찾고 있었는데, 지금의 사장님을 알게 되면서 바뀌었다고 한다.

사장님이 손을 내밀며 했다는 말을 듣고 나는 정말 놀랐다.

"우리 회사에서 일하게. 무조건 행복하게 해줄 테니까."

사장님은 집에 찾아오면서까지 계속 권유했다고 한다. 필요한 인재라고 느낀 사람에게는 사장이라는 명함도 내려놓고 열심히 손을 내밀 줄 아는 사람이었다. 그래도, 그렇다 하더라도.

"무조건 행복하게 해줄 테니, 우리 회사에서 일하게."

이런 말을 할 수 있다는 사실에 나는 눈물이 핑 돌 정도로 울컥했다. 이렇게까지 누군가가 자신에게 손을 내밀어 준다면 누구라도 감동하지 않겠는가.

벽에 걸린 사진에서도 느꼈지만, 이렇게 직원들을 생각하는 사장님 아래에서 일한다면 직원들도 훨씬 더 많은 열정을 쏟으며 일할 것이다. 냉카레만 봐도 직원들과 커뮤니케이션을 통해 생산성을 높이기 위한 계산된 행동이 아닌, 직원들을 좋아하고 직원 모두가 행복하길 바라는 사장님의 단순한 마음이 출발점이라는 것이 느껴진다.

업무가 끝나고 나도 냉카레를 먹으러 갔다. 냉카레라니, 어떤 음식일지 기대반 걱정반으로 주문을 하고 맛을 보았다. 결과는 그저 그랬다(웃음). 나중에 솔직한 평을 말하자 사장님은 호탕하게 웃었다.

이런 회사의 직원이라면 정말 행복할 것 같았다. 모든 직원을 자연스레 배려하는 경영자가 진짜 경영자이다.

2
점심시간을 배려하고
전화는 한 번에 받는다

"가와다 씨는 언제나 바빠 보여서 좋아. 나 같은 놈은 하는 게 없어서 말이야."

뵐 때마다 입버릇처럼 이런 말을 하는 경영자가 있다. 꾸밈이 없고 털털한 성격에 약간 말투가 거친 분이다. 사무실은 의외로 굉장히 깨끗하고 편안한 느낌이다.

회사가 성장을 하면서 직원들은 늘 바쁘게 움직였다. 그런데 사장님만은 항상 여유로워 보였다. 전화를 걸면 받지 않은 적이 없고, 약속을 잡을 때도 "다음 주 언제 시간이 되시나요?"라고 물으면 매번 "언제든 좋다"는 대답이 돌아왔다.

한번은 무슨 일인지 전화를 받지 않아서 이런 음성메시지를 남긴 적도 있었다.

"푸르덴셜생명 가와다입니다. ○○사장님의 전화에 음성메시지를 남기는 영광스러운 상황이라, 이렇게 일부러 메시지를 남겨봅니다. 사장님도 이런 일이 있으시군요."

정말 아무 일도 하지 않는 듯 보이는 분이었다. 직원 면접에 참여하지도 않고, 직원에 대한 정보를 일일이 기억해 두지도 않는 상당히 독특한 스타일이었다(진짜인지 아닌지 지금도 의문으로 남아있다).

'이런 사람이야말로 실은 궁극의 경영자가 아닐까?'

정말 속을 알 수 없어서 이런 생각마저 들 정도였다.

사실 나의 지론은, 최고의 경영자란 자신이 없어도 회사가 잘 돌아가게끔 만드는 사람이라고 생각한다.

"내가 없어도 괜찮대도."

사장님은 항상 그렇게 말했다.

하지만 실제로는 사장님의 존재가 있기 때문에 회사의 경영이 안정되고 실적이 증가했다. 그렇게 생각하게 된 계기가 있다.

사장님과 알고 지낸 지 얼마 되지 않았을 무렵 함께 점심식사를 했다. 식사를 다 마치고 점심시간이 끝나갈 무렵인데도 사장님은 회사로 돌아가려고 하지 않았다. 오히려 아직 회사로 돌아가면 안되니 차라도 마시자며 티타임까지 제안했다. 실례되는 말이지만,

나는 사장님은 정말 하는 일이 없는 것은 아닌가라는 의문마저 들기 시작했다. 그러면서도 '아직 회사로 돌아가면 안 된다'는 그의 말에 궁금증이 생겼다.

"사장님, 지금 회사로 돌아가면 왜 안 되나요?"

카페에서 차를 마시면서 내가 묻자, 사장님은 생각하지도 못한 대답을 했다.

"1시 전에 내가 손님을 모시고 회사로 돌아가면, 점심시간도 안 끝났는데 직원이 차를 내와야 하잖아? 휴식시간까지 일하게 하는 건 직원들한테 너무 미안해서 말이야."

그런 이유가 있을 줄이야….

나는 속으로 '이렇게 따뜻하게 직원을 배려하다니, 멋지다!'라며 감탄했다. 아마도 직원들은 사장님이 점심시간 중에 회사에 오지 않는 이유를 알지 못하겠지만 그렇기에 더 멋진 배려이다. 이상적인 작은 배려란 바로 이런 모습이다.

사실 이 회사는 사장님의 가르침이나 존재를 아주 사소한 부분에서도 느낄 수 있다. 예를 들어, 전화를 걸면 이 회사는 무조건 한 번에 받아 전화를 건 상대를 기다리게 하지 않는다. 언뜻 보기에는 아무것도 하지 않아 보이는 경영자이지만 사실은 곳곳에서 자기의 존재감을 확인시켜 주고 있었다.

경영자의 작은 배려가 회사 전체에 투영되어 있기 때문에 회사

의 분위기도 좋아지고, 업무도 순조로운 것이다. 이 사장님을 만나고 난 뒤 다시 한 번 이런 사람이 '궁극의 경영자'라고 강하게 믿게 되었다.

3

행복한 워킹맘이 많아지는 회사

1년 전에 만난 여성 경영인이 있다. 일반 가정을 대상으로 청소 서비스를 판매하는 회사로, 60명 정도의 직원 대부분이 여성으로 구성되어 있다.

이 회사에서는 직원의 가족에게 아이가 생기면 아이의 이름으로 된 예금통장을 만들어준다. 그리고 아이가 태어났을 때 몸무게를 묻고, 아이 이름으로 된 통장에 매월 아이의 몸무게만큼의 돈을 넣어준다고 한다. 만약 3,215그램으로 태어났다면 3,215엔을 매월 입금하는 것이다. 그것도 사원이 회사를 퇴사하기 전까지, 계속 넣어준다.

태어난 몸무게와 같은 금액을 매월 넣어주다니 섬세한 여자이기에 떠올릴 수 있는 발상이다. 조금 속되어 보이더라도 살짝 계산을 해 보자. 60명의 직원 전원이 3,000그램의 아이를 낳았다고 가정하면 매월 60명x3,000엔=18만엔(약 180만원)이 필요하다. 아이가 둘이라면 매월 36만엔(약 360만원). 즉 회사 입장에서는 연간 300~400만엔(약 3,000~4,000만원)이 필요한 셈이다. 무시할 수 없는 금액이다.

그러나 여기에서 중요한 포인트는 금액이 아니라 사장님의 철학이다. 나도 두 아이의 아빠이기 때문에 바로 공감이 간다. 아이에게 이렇게까지 신경을 써준다면 정말 기쁘지 않을 수 없다. 직원 대부분이 여성이니 더더욱 그러할 것이다. 직원 모두가 회사를 위해 더 힘내어 일할 것이며, 보람도 몇 배는 더 될 것이다.

이곳은 실제로 모든 직원들이 생기 넘치는 표정으로 반짝거리며 일하고 있었다. 그렇기 때문에 이 회사가 성장하는 것은 어쩌면 당연할지도 모른다.

직원이 퇴사를 할 때면 사장님은 언제나 "이제부터는 당신이 그 뒤를 이어주세요"라고 말한다. 퇴사한 직원은 자신의 그렇게 아이의 적금을 이어간다.

듣는 것만으로도 가슴이 따뜻해진다. 매달 들어가는 돈의 액수 자체는 큰돈이 아닐 수도 있다. 그러나 아이를 생각하는 마음을 행동으로 보여주는 사장님의 존재감은 아주 크다. 직원을 소중하게 여길 뿐더러 '사회'를 소중히 여기는 분이라고 생각한다.

　이런 경영자가 계속 늘어나면 지금보다 여성들이 더 마음 편히 일할 수 있는 사회가 오지 않을까?

4

작은 일일수록
고마움은 크게 표현한다

나의 고객 중에는 축산업계에 종사하는 사람들도 있는데, 이번 이야기는 8,500마리라는 엄청난 규모의 소를 목축하는 사장님의 이야기이다. 그분의 우사를 실제로 보면 광활한 토지에 셀 수 없을 만큼의 우사가 줄지어 있는데 그야말로 장관이다. 단 한 마리로 시작하여 몇 십 년에 걸쳐 현재의 대성공을 이뤄낸 사장님도 역시 '배려의 달인'이다.

막 태어난 송아지는 약 30개월 동안 정성스런 보살핌을 받으며 품질 좋은 소로 길러진 뒤 일본 각지에 출하되는데, 이때 배송 장소까지 운반하는 트럭 운전사들이 있다. 사장님은 출하할 때 반드시 운전사들에게 새 지폐 3,000엔(약 3만원)이 담긴 봉투를 건넨다고 한다.

이 업계에서 이렇게 트럭 운전사들에게 돈을 건네는 사람이 없기 때문에 처음 온 운전사들은 놀라며 무슨 돈인지 묻는다. 그러면 사장님은 식사라도 하라며 아무렇지 않게 봉투를 건넨다. 장거리 운전 자체가 상당히 힘든데, 거기에 생물 운반은 보통 이상으로 조심해야 한다. 그런 섬세한 업무를 맡아준 운전사에게 고마운 마음, 그리고 애정을 담아 키운 소를 소중하게 다뤄주길 바라는 마음도 함께 담아 건넨 돈이다.

그렇다면 왜 3,000엔인가 하면, 이 우사가 있는 지역에서 배송지까지 이동할 때 사용하는 식사비용이 딱 3,000엔 정도이고, 일부러 새 지폐를 준비한 이유는 자신이 키운 소를 기꺼이 운반해주는 운전사에 대한 감사함의 표현이다.

사장님의 이런 마음은 운전사에게도 분명 전해질 것이고, 사장님의 마음을 받은 운전사들도 소를 소중히 다룰 것이다.

사장님은 작은 우사를 시작했던 39년 전부터 이러한 배려를 이어왔다고 한다. 사장님은 쉬는 날도 없이 축산업에 매진해왔다. 기회가 되어서 사모님과 세 명의 자녀와도 이야기를 나눈 적이 있는데, 그때 자녀 중 한 명이 '아빠에게 일은 취미와 같다'고 하자 사장님은 이렇게 말했다.

"아니야, 취미처럼 재미로 하는 게 아니야. 나는 일본의 음식문화를 뒷받침하고 있다는 자부심이 있어. 그러니까 쉴 수 없는 거지."

축산업계에 있는 사람으로서 훌륭한 마음가짐이었다. 너무 멋진 말이라 듣는 사람을 긴장하게 하는 말이기도 했다. 자신의 일에 막중한 책임감과 자부심을 지닌 사장님이 참 대단했다.

자신의 일과 기르는 소, 사업에 관련된 모든 사람을 중요하게 여기는 분이기에 당연히 회사 직원들에게도 배려를 아끼지 않는 다.

한 달에 한 번, 열심히 일한 직원에 대한 감사의 마음을 담아 직원의 가족에게 자신의 축사에서 키운 소고기를 선물로 보낸다. 각자 희망하는 부위를 미리 물은 뒤 구이용, 전골용 소고기를 사장님이 직접 골라, 직원들에게 준다. 하는 일도 많은데 그런 것까지 사장님이 직접 하실 필요가 있냐고 묻자 사장님은 이렇게 대답했다.

"아니, 이게 제일 중요한 업무에요."

직원들에게 손수 건네는 선물도 멋지지만, 이런 마음이 무엇보다도 멋지다.

8,500마리 소를 관리하는 축산업계의 큰손으로 자리매김한 사장님의 발판은 바로 이러한 따뜻한 마음이었는지도 모른다.

5
회사의 열정을
가족에게도 알려 주어라

직원의 가족을 소중하게 여기는 사장으로는 이 분을 빼놓을 수 없다. 사무기기를 다루는 60명 정도 규모의 회사 경영자인데, 급여명세와 함께 '직원의 가족에게 보내는 편지'를 함께 넣어 보내는 분이다.

'회사는 지금 이러한 상황입니다.'

'이번 달은 상당히 힘든 시기였지만, 모두 열심히 일해 주었습니다.'

'여러분 덕분에 올해도 보너스가 나올 수 있을 것 같습니다.'

회사나 직원의 근황을 대략적으로 전하는 편지를 사장님이 직접 써서 월급봉투에 함께 넣는다고 한다. 그것도 20년 간 매월, 단한 번도 빠짐없이.

손편지로 매월, 무려 20년이다. 대단하다는 말이 절로 나온다. 직원의 가족을 이렇게 신경 쓰는 회사라면 가족도 안심하고 회사 생활을 응원할 것이다.

여기서 끝나지 않는다. 이 사장님이 20년 동안 이어온 또 하나의 행동이 더 있다.

주거래 은행에 매월 시산표보고와 매출표보고를 위해 찾아가는데, 특이하게도 차입이 없는 달도 반드시 매월 찾아간다. 은행과의 신용관계를 구축하기 위해서인지 묻자 사장님은 이렇게 대답했다.

"물론 그것도 중요한 일이고 결과로서는 그럴지도 모르지만, 가장 큰 목적은 그게 아니네. 사실은 나에게 압박을 주기 위해서지."

은행에 마이너스의 결산을 보고하는 일은 경영자로서는 사실 피하고 싶은 일이다. 고작 한 번이라도. 단 몇 분의 순간일지라도 껄끄러운 것임에는 틀림없다.

"그래서 적자 결산이 되지 않게 무조건 힘을 내자는 마음이 생기네. 그런 마음을 유지하기 위해서는 매월 은행에 보고를 가야 하지."

그는 자신에게 부담을 주는 상황을 20년이나 이어왔다. 경영자가 중압감을 가지면서 회사를 지키기 위해 노력한다면 직원들도 자연스레 책임감이 생겨 난다.

또 사장님은 직원의 배우자와 아이들의 생일이면 케이크를 보낸다고 한다. 60명의 직원에게 모두 배우자와 아이 하나가 있다고 가정하면 3일에 한 번은 케이크를 보내야 한다.

직원이나 그 가족, 거래처 등 업무에 관련된 모든 사람들에게 진심으로 신용을 얻기 위해서는 이 정도의 배려는 필수일지도 모른다. 그렇지만 이렇게까지 할 수 있는 사람은 많지 않을뿐더러 처음부터 이렇게 할 필요도 없다.

주위에서 배려를 실천하고 있는 사람을 찾아 보자. 그의 존재만으로도 자신감과 의욕이 생길 것이다. '나도 그렇게 할 수 있다!'는 마음을 먹고 힘을 내는 것이 오늘의 당신에게 더 큰 도움이 된다.

6
당신의 아들딸을
인재로 키우겠습니다

중학교 동창 중 일본 유수의 증권회사에서 근무하는 친구가 있다. 그의 직책은 지점장인데, 40대 초반에 증권사 지점장 자리에 앉기란 아주 어려운 일이다. 빠른 승진을 이뤄낸 그가 일류 대학은 나왔느냐 하면 그렇지도 않다. 어떻게 빠른 승진이 가능했는지 언젠가 그에게 물어본 적이 있는데, 나는 그의 대답을 듣고 고개를 끄덕였다.

그는 지점에 새로운 신입사원이 오면 그의 부모님이 계신 곳으로 찾아가서 인사를 드린다고 한다. 그곳이 산속 마을이든 남쪽 지역이든 북쪽 지역이든, 반드시 찾아가서 얼굴을 뵌다고 한다.

비행기나 신칸센*을 타고 일부러 본가까지 찾아가 무슨 이야기를 나누는가 하면 대체로 이런 내용이다.

"○○군은 여름휴가쯤 되어야 이곳에 올 텐데요, 분명 살도 빠지고 얼굴도 까매져서 돌아올 것입니다. 왜냐하면 업무가 아주 힘들기 때문이죠. 저희 회사에서는 더운 여름에도 분주하게 움직이며 영업을 가르치고, 하루 종일 밖을 걷게 하기도 합니다. 하지만 우리는 이러한 한계를 넘어야 훌륭한 인재가 된다고 생각합니다. 그러니 살이 빠지고 얼굴이 까맣게 타서 돌아오는 ○○군을 보고 놀라지 마시고 따뜻한 응원과 격려를 부탁드립니다."

누구나 쉽게 할 수 있는 일은 아니다. 신입사원의 가족에게 찾아가는 회사는 그 외에도 있겠지만, 그는 회사 차원이 아닌 개인적인 상사로서 방문한다. 그렇게 되면 본인에게도 부담스러운 일인 것이 분명한데, 그는 이렇게 대답했다.

"그러니까 가는 거지. 부모를 만나고 나면 꼭 이 친구를 인재로 만들어야 한다는 각오 같은 게 생기거든. 나한테 무거운 책임을 지우기 위해서 가는 거야."

대단한 마음가짐이 아닐 수 없다. 자신의 무거운 책임을 완수하기 위해 노력했기 때문에 그는 다른 사람보다 더 빨리 지점장으로

● 일본의 고속열차

승진할 수 있었다. 조직의 장이 신입사원의 집으로 찾아가서 양친이 어떤 사람인지, 어떤 가정환경에서 자라 왔는지 알면 그 신입사원에게 더 깊은 애정을 갖게 된다. 나아가 파급효과로 조직에 있는 사람 모두가 애정을 갖고 신입사원을 대하게 된다. 누군가에게 확실한 보살핌을 받는다고 느껴지면 사람은 마음가짐 자체가 달라진다.

신입사원의 양친을 찾아가 인사를 드린다.

이렇게 쓰면 아주 간단한 한 문장이지만 그가 하고 있는 작은 관심, 아니 엄청난 관심은 절대 간단하지 않다.

이런 사람들이 많아진다면 마음의 병으로 힘들어하는 사람이나 업무를 포기하는 사람도 줄어들지 않을까, 라는 생각을 하게 된다

7

오늘 하루 당신은
몇 번의 인사를 하였나

무리하지 않고,

서두르지 않고,

넘치지 않고,

허세부리지 않고,

비뚤어지지 않고,

거만하게 굴지 않는다.

히에이잔센니치가이호쿄(比叡山千日回峰行)*를 두 번, 완수한 수
행자로 잘 알려진, 천태종(天台宗)의 대아사리(大阿闍梨)** 사카이 유
사이 스님의 말씀이다.

이 말을 신조로 여기는 건설업의 경영자가 있다.

그분의 집무실로 가는 길에는 큰 개가 한 마리 있는데, 개는 누군가가 찾아오면 냄새를 맡으러 다가온다. 몇 번인가 찾아가는 동안 내가 익숙해졌는지 개는 '음, 내가 아는 사람이군'이라고 하는 듯 냄새를 맡더니 곧 자리로 돌아갔다. 이렇게 개의 체크를 받은 뒤에야 소파에 앉을 수 있다.

사모님이 경리를 보고 있어서 찾아뵐 때는 늘 사장님과 사모님 두 분이 함께 상담에 참여한다. 처음에는 업무 외적인 이야기를 주로 하는데, 나도 개를 아주 좋아하는 탓에 이 회사에서는 개 이야기로만 한 시간을 훌쩍 넘겨버린다. 언제나 이번에는 업무 얘기를 하자는 말로 겨우 대화의 방향을 다잡기 일쑤이다.

나도 그렇고 사장님 내외분들도 그렇고 개를 하늘나라로 보낸 경험이 있어서 먼저 보낸 개의 이야기가 나오면 사모님은 눈물을 흘린다. 그럼 나도 따라 눈물을 흘리게 되고 결국 업무 이야기는 하지 못한 채 돌아오는 경우도 있다. 세 사람 모두 먼저 보낸 개의 뼈를 키홀더로 만들어서 가죽끈에 이어 놓거나, 열쇠고리로 만들어 놓은 아이템을 우연히 모두 가지고 있어서 개를 좋아하는 사람

● 불교 천태종 수행의 하나로, 히에이 산을 1000일 동안 걷는 수행을 말한다
●● 불교의식을 주도하고 집전하는 승려

만이 공유할 수 있는 재미있는 광경이 펼쳐지기도 했다.

두 분의 이야기를 듣고만 있어도 마음이 따뜻해지는 이곳은 직원이 100명 정도로 상당히 실적이 좋은 회사이다. 동종업계의 다른 기업과 비교해봐도 유독 눈에 띄게 실적이 좋다. 처음에는 이유가 무엇인지 궁금했지만 몇 번인가 방문하여 사장님 내외분과 상담을 하다 보니 그 이유를 알 수 있었다.

가장 큰 이유는 '직원들의 생각 혁신'이다.

대략적으로 이야기하자면 직원 한사람 한사람에게 목표금액이나 목표내용을 세심하게 이해시킬 뿐 아니라 업무의 빈틈을 줄이고 효율적인 업무를 할 수 있도록 행동을 교정하는 방법이다.

이 이야기에서 가장 흥미로웠던 사항은 월결산표 파일 중 가장 첫 번째로 관리하는 인사 실적표였다.

인사 실적표란 말 그대로 각 직원의 하루 인사 횟수를 기록한 파일이다. 누가 누군가와 얼마만큼의 인사를 했는지, 직원들이 매일 써 내는 일과보고서를 근거로 기록된다. 인사를 많이 했다고 해서 상장을 주거나 벌을 주는 일은 없지만 인사의 횟수가 적으면 사장님이 직원에게 요즘 무슨 일인지 관심을 가지고 말을 건다. 그러면 직원은 현장 업무가 많아 사람을 많이 만나지 못했다거나 요즘 집에 일이 있어 신경을 못 썼다거나 하는 정도의 대화를 나눈다.

그게 다냐고 묻는다면 단순히 그 정도라고 대답하겠지만, 사실 굉장히 중요한 부분이다. 사장님 옆에 앉아 있는 사모님도 같은 생각을 갖고 있다며 말을 섞었다.

"사장님이 하나하나 챙기고 있다는 생각만으로도 다들 안심을 해요. 그 기본에는 인사가 있어요".

"하지만 이런 생각 혁신은 처음부터 해 나가기는 어렵잖아요."

사모님의 이야기를 듣고 사장님에게 물었다.

"작게 나마 회의 때 나의 생각을 전하죠. 강제로 시간을 가져서라도 대화를 합니다. 인간관계에서 중요한 부분이니까. 하지만 그보다 내가 먼저 솔선수범해서 인사를 하는 게 제일 좋은 방법이죠."

사장님은 이렇게 대답했다.

직원들에게 활기찬 목소리로 인사를 건네는 사장님의 모습이 눈앞에 떠올랐다.

"고맙다는 표현을 하는 것이 가장 중요합니다. 감사한 마음을 표현하기란 쉽지 않잖아요, 그럴수록 더 제대로 표현해야 해요. 돈이 들지도 않으니 이왕이면 많이 하는 게 좋지 않겠습니까. 하하."

호탕하게 웃는 사장님을 보니 직원을 가족처럼 여기는 마음이 전해져 왔다.

인사가 중요하다는 건 어디서나 자주 듣는 말이지만 얼마나 많은 사람들이 실천하고 있는지는 한 번쯤 생각해 볼 문제이다. 부끄럽게도 나 역시 잘 하고 있지 못한다. 아이들이 어릴 때는 인사를 잘해야 한다며 시간이 날 때마다 가르쳤던 것 같은데, 시간이 지날수록 이러한 가르침도 소홀해지고 있다.

사람은 각자의 존재의의를 느끼면서 살아간다. 존재의의를 느끼지 못하면 삶의 의미와 일상의 재미를 찾지 못한다. 그런데 자신의 존재의의의 시작은 어쩌면 인사일지도 모른다.

의자 옆에 놔 둔 가방을 가지고 장난을 치려는 개에게 "이놈! 하지 마!" 하고 혼내며 했던 사장님의 말이 인상적이었다.

"회사의 규모가 아무리 커진다고 하더라도 정작 회사를 움직이는 원동력은 직원 한사람 한사람이니까."

이 말에서 나는 사장님의 회사 경영이념을 속깊이 느꼈다.

8

**"모두 다
여러분 덕분입니다"**

"가와다 씨, 우리 회사가 내년이면 창업 60주년이라 기념식을 할까 하는데, 직원 가족도 다 모이는 큰 행사라, 혹시 뭐 좋은 아이디어 없을까?"

어느 사장님이 이런 고민을 털어놓은 적이 있었다. 사내 행사는 가끔씩 진행해도 직원의 가족까지 참가하는 큰 행사는 아무래도 점점 줄어든다는 것이 사장님의 고민이었다.

"예를 들면요, 표창을 할 때 직원만이 아니라 직원의 부인과 가족들도 단상 위로 모셔서 표창장을 전달하는 것은 어떠신가요?"

실제로 다른 회사에서 진행했던 프로그램이었다.

이번 이야기는 바로 그 회사에 대한 내용이다.

회사에서는 1년에 한 번, 영업사원을 대상으로 표창식을 거행한다. 표창을 받는 직원이 300명이 넘기 때문에 가족까지 하면 엄청난 인원이 모이는 큰 행사이다. 그래서 대체로 호텔의 가장 큰 연회장을 빌려 표창식이 진행하는데, 행사를 진행하는 사회자부터 조명까지 모든 진행은 본사의 직원들이 담당한다. 이렇게 화려하고 큰 행사의 주인공인 영업사원들은 표창을 받기 위해 1년 간 열심히 일한다.

　행사의 첫 번째 순서는 항상 사장님의 인사말이다.

　"이 표창식의 목적은 크게 두 가지가 있습니다. 하나는 목표를 달성하고 여기에 참석한 모든 영업사원 여러분이 서로에게 칭찬하기 위함입니다. 그리고 그보다 더 중요한 또 하나의 목적은 바로 가족의 응원과 고생에 고마워하는 것입니다. 여러분이 업무에 집중할 수 있는 이유는 아내와 아이들, 아버지, 어머니의 지지가 있기 때문입니다. 그래서 이 자리는 가족에게 감사를 표하는 자리이기도 합니다."

　음악이 흐르고 표창이 시작되면 가족들이 단상 위로 올라가서 사장님에게 상패를 받는다. 이때 사장님은 직원이 아니라 아내에게 상패를 전달한다.

　"그동안 남편을 뒷받침해주셔서 감사합니다."

　그런 말을 건네면서 모든 가족에게 상패를 전달한다. 주부라는 직업은 존재하지도 않거니와 표창을 받을 일도 없기에 아내들은 이런 말에 아주 기뻐한다. 앞으로 1년을 더 열심히 가족을 뒷받침해야겠다는 말을 하는 사람도 있고 눈물을 흘리는 아내도 있다고 한다. 그런 모습을 보면 직원도 자신이 표창을 받는 것보다 분명 더 기쁠 것이다.

영업사원들은 고객을 찾아갈 때 고객 회사의 직원들이 좋아할 만한 간식거리를 사거나 선물을 준비하는 경우가 많은데, 그럴 때 주로 고객의 가족을 기준으로 선물을 준비한다. 아마도 이러한 행사도 비슷한 맥락일지도 모른다.

이 회사에는 가족을 위한 이벤트가 하나 더 있다. '가방 증정식'이라고 해서 초등학교에 입학하는 직원의 아이에게 책가방을 선물하는 행사이다. 가족 모두가 참가하는 행사인데, 이번에는 호텔이 아니라 회사 회의실에서 진행된다.

정중앙에 회의용 테이블을 쭉 이어서, 자녀들을 위해 과자를 쌓아 놓는다. 아이들은 회장에 들어오는 순간부터 과자를 보고 흥분 상태가 된다. 과자뿐 아니라 주변에 게임기 같은 것들도 준비해 두기 때문에 그야말로 자녀들을 위한 이벤트이다.

과자를 먹고 게임을 하며 실컷 놀고 난 뒤, 사장님은 단상 위로 올라가 증정식을 시작한다. 사회자가 이름을 호명하면 아이는 혼자 단상에 올라간다.

상상해 보자. 아직 초등학교도 들어가지 않은 어린 아이가 60살을 넘긴 사장님과 단상 위에서 단둘이 마주보며 대화를 나누고 책가방을 받아 메는 모습을. 아이 인생에 흔히 경험할 수 없는, 긴장감 넘치는 시간이다.

그 순간의 긴장감, 그리고 단상 위에서 내려올 때 뭐라 말할 수 없는 쑥스러움과 무언가 해냈다는 듯 당당함이 섞인 귀여운 표정의 얼굴을 나는 몇 년이나 지났지만 잊을 수 없다. 그렇다. 자랑을 하는 것 같아 망설였지만, 사실 이 이야기는 푸르덴셜생명의 행사이다.

일본 푸르덴셜생명이 생긴 것은 25년 전인데, 당시 15명이던 직원의 수가 현재는 약 4,500명이 되었다. 아마 직원들은 앞으로 더 많아질 테고, 회사도 더 커질 것이다. 불과 25년 만에 여기까지 성장해온 원동력은 영업의 힘만이 아니라 직원의 가족까지도 소중하게 여기는 회사의 문화라고 나는 생각한다.

가족이 단상 위에 올라가서 함께 표창을 받는 표창식도, 아이에게 잊지 못할 기억을 선사하는 가방 증정식도 직원의 가족을 대하는 작은 배려이다. 그러나 그 작은 배려가 전하는 영향을 결코 작지 않다.

일이란 직원들이 회사의 사고방식이나 경영자의 이념에 공조할 때 100%의 힘을 발휘할 수 있다. 내가 이제까지 만나 온 매력적인

경영자들은 직원들의 가족 모두를 소중하게 생각하는 사람들뿐이었다.

경영에 프로도 아닌 내가 이런 말을 하는 것은 주제넘을지도 모르지만, 직원의 가족에게 마음을 쓰는 배려는 앞으로의 회사 경영에 큰 힌트가 되지 않을까 생각한다.

4

상 대 의
마 음 을
움 직 이 는
힘

배려가 필요한
순간들을
찾고 있다면

1
당신은 배려할 줄
아는 사람인가

당신은 작은 배려를 할 수 있는 사람입니까?

이런 질문을 받으면 어떤 대답을 할 것인가.

주변 사람들 보다 배려심이 깊다며 당당하게 단언할 수 있는 사람은 많지 않을 것이다. 또 반대로 자기 자신을 배려심이 전혀 없는 사람이라고 판단하는 경우도 많지 않다.

아마 대부분의 사람들이 스스로를 꽤 배려심있는 사람으로 여기고, 실제로 평소에 자기 나름의 배려를 실천하고 있다고 생각할 것이다. 그런 한편, 일을 하다가 혹은 길을 걷다가 상대방이 나를 조금 더 생각해주면 좋겠다고 생각한 적도 분명 있을 것이다.

이번 장에서는 배려가 부족했다고 생각되는 아쉬운 순간들을 소개해 보고자 한다. 타산지석이라는 말이 있다. 부족한 배려가 만들어 낸 아쉬운 순간에 대해서 알아보면 업무나 생활에서 개선시켜야 할 부분이 무엇인지 힌트를 발견할 수 있다.

　미리 말해두지만, 앞으로 다룰 이야기는 사람에 따라 이런 부분까지 신경을 써야 하는지 의문이 들 정도로 아주 사소한 부분에 대한 내용이다. 그러나 작은 부분이 모여 큰 영역을 만들어 낸다는 사실을 유념하면서 읽어주길 바란다.

2
거스름돈과 영수증은
왜 늘 따로일까?

영업을 하러 나갈 때 나는 택시를 자주 타는 편이다. 택시 기사 님에게 요즘 경기에 대해 물어보면 기사님은 친절하게 세상 돌아 가는 이야기를 들려주고, 잘 모르는 지방의 경우에는 여러 정보를 알려주기 때문에 업무에 도움이 많이 된다.

목적지까지 이동하면서 정보수집까지 할 수 있는 유의미한 시 간을 보내기 때문에 나는 택시 타는 것을 꽤 좋아하는데, 마지막에 계산을 하는 순간엔 항상 의문을 느낀다.

업무로 이용하는 경우가 많은 나는 항상 영수증을 요청하는데, 그럴 때마다 영수증 위에 잔돈을 올려서 건네준다. '이게 왜?'라며 이상하게 여기는 사람도 있을지 모르지만 영수증 위에 잔돈을 올려서 한꺼번에 받으면 솔직히 정리하기 어렵지 않은가?

잔돈과 영수증을 한 번에 건네는 이유는 바쁜 손님이 빨리 내릴 수 있도록 하는 택시 기사님 나름의 배려일지도 모른다. 그러나 나는 지갑에 넣을 때면 언제나 그 자리에 서서 엉거주춤한 자세로 돈을 정리하느라 시간이 더 지체된다.

예를 들면 택시 요금이 1,220엔이 나왔는데 5,000엔 지폐로 계산을 한다고 가정해 보자.

그럼 잔돈은 3,780엔. 지폐 세 장 위에 영수증, 또 그 위에 동전을 올려 한 번에 건네는 것이 일반적이다. 한 손에는 지갑을 들고 있으니 세 장의 지폐와 영수증, 그리고 몇 개의 동전은 한 손으로 받아 들어야 한다. 지폐와 영수증은 지갑 안에서 각각의 자리에 꽂고 잔돈까지 제자리에 맞게 정리하려면 어김없이 한 손으로는 부족하다.

지폐를 미끄럼틀처럼 만들어서 동전과 영수증을 지갑 안으로 쭉 밀어 넣는(한 번쯤 해봤을) 방법이 가장 편하지만, 동전이 균형을 잃고 바닥으로 떨어지는 경우도 종종 있다. 그럴 때면 겨우 다시 주워 동전을 집어넣고 지폐와 영수증을 각각의 자리에 넣어야 드디어 끝이 난다. 그럼 이제야 택시에 내릴 수 있다.

이렇게 다시 글로 쓰고 보니 역시나 수고로운 동작이 아닐 수 없다. 빨리 택시에서 내리게 해주려는 의도였지만 결국 택시에서 내

릴 때까지 시간이 더 걸린다.

'왜 따로 주지 않는 걸까? 따로 주는 편이 훨씬 편한데.'

택시를 내릴 때면 언제나 이런 생각을 한다.

사실 편의점이나 음식점에서 계산을 할 때도 마찬가지이다. 다들 비슷한 경험을 했을 것이다. 암묵적인 룰인지, 아니면 혹시 잔돈과 영수증을 같이 건네지 않았을 때 성격 급한 손님이 잔돈을 덜 줬다며 클레임을 걸 까봐서인지 모르겠다. 만약 그렇지 않다면 잔돈과 영수증은 따로 건네주는 편이 고객의 입장에서는 더 좋을 것 같다.

상대방의 입장이 되어 상상력을 발휘해 보면 바로 알아차릴 수 있는 것들이 꽤 많다. 작은 배려란 이런 것이 아닐까.

3
사소한 부탁일수록
더 정성스럽게

어느 초밥 가게에 점심식사를 하러 갔을 때 일이다.

고객과 함께였기 때문에 2,000엔(약 2만 원) 정도의 고급스러운 초밥세트를 주문했다. 깨끗하고 깔끔한 인테리어에 초밥의 맛도 좋아서 아주 만족스러운 점심시간을 보냈다. 식사가 끝나자 따뜻한 차가 나왔는데, 갈증이 난 나는 시원한 물을 달라고 부탁했다.

여담이지만 나는 차보다 물을 더 찾는 편이다. 식사를 하고 나면 마지막에 꼭 물로 깔끔하게 마무리를 하고 싶어진다. 초밥은 진한 맛의 간장과 고추냉이를 찍어서 먹기 때문에 목이 금방 마른다. 이날은 유독 갈증이 나서 점원에게 물을 부탁했고, 점원은 "두 잔이요?"라며 되물었다. 나는 고객의 물까지 해서 "네, 두 잔 부탁합니다"라고 대답했다. 그런데 그 점원은 물을 가져다주지 않고 갑자기 우리 테이블 위에 빈 접시를 정리하기 시작했다.

왜 정리를 먼저 하는지 나는 안타까웠다. 분위기도 좋고, 초밥도 훌륭해서 좋은 가게라고 생각했는데, 마지막에 아쉬운 마음이 들었다.

우리가 식사를 했던 자리는 가게의 깊숙한 곳에 있는 좌식 자리였다. 점원 입장에서는 몇 번이나 왔다갔다 하기에는 조금 귀찮았을지도 모른다. 아마 점원은 높이 쌓은 접시를 주방으로 가져갔다가 다시 나오는 길에 물을 들고 오면 한 번에 끝낼 수 있다고 생각했을 것이다. 신발을 벗고 다시 신는 수고가 필요한 자리이기도 했으니까.

효율성으로 봤을 때는 확실히 그 편이 더 낫다. 점원의 마음도 모르지는 않는다. 그러나 물을 마시고 싶다고 요청한 사람은 손님(이번에는 나이지만)이다. 식사나 음료와 달리 물은 무료로 제공되기 때문에 가게 입장에서는 메리트가 없는, 그다지 중요하지 않은 부분이라고는 여길 수도 있다. 그러나 그렇게 때문에 오히려 중요하다고 생각한다.

손님들도 바쁜 직원을 붙잡고 물을 요청하기가 미안하다. 그렇기 때문에 목이 많이 마르더라도 강하게 부탁하지 않는다. 또 한 번씩은 경험이 있을 텐데, 혼잡한 가게에서 물을 부탁했지만 점원이 잊어버려 결국 마시지 못 한 적이 있을 것이다. 물이란 게 계속 부탁하기 참 미안한 음료이다.

부탁하기 어렵고 잊기 쉬운 물.

많은 사람들이 이런 이미지를 갖고 있기 때문에 반대로 요청에 빠르게 응해주면 그것만으로도 서비스가 좋다고 느껴질 것이다. 고객의 호감을 살 수 있는 절호의 기회가 아닌가. 이러한 부분에 감동하여 누군가는 단골이 될지도 모른다.

무료로 제공되는 물에서도 배려의 유무가 드러난다. 물론 배려가 타산적인 목적으로 사용되어서는 안 된다고 생각하지만, 고객에게 플러스가 되는 행동이라면 적극적으로 반영하는 편이 좋다. 물을 바로 가져다주는가, 아니면 테이블을 정리한 뒤에 가져다주는가. 단지 그것만으로도 고객이 받는 인상은 전혀 달라진다. 별것 아닌 물, 사실 정말 중요한 물이다.

아무리 음식의 맛이 좋았더라도 나처럼 별것 아닌 물 한 잔에 가게의 전체적인 이미지가 한순간에 바뀌어버리는 사람도 있지 않을까.

4

맛이 좋다고
다 좋은 식당은 아니다

석화가 맛있다는 지인의 말에 들른 어느 일식집에서의 일이다.

고급 주점이 줄지어 있는 조금 외지고 좁은 골목에 있는 가게였다. 일식 건물에 현대적 인테리어를 더한, 격조 높은 분위기가 감돌았다. 가게 안으로 들어서자, 소문의 석화가 카운터에서부터 화려하게 장식되어 우리의 기대감은 한층 더 높아졌다.

자리에 앉은 뒤 주문을 마치고 나는 아무 생각 없이 주방을 바라보고 있었는데, 순간 눈을 의심할 만한 장면을 목격했다.

점원으로 보이는 갈색 머리의 젊은 여자가 자른 오이와 다시마를 지퍼백에 넣어 콩콩 두들기기 시작했다. 우리가 주문한 오이무침*이었다. 이러한 고급 식당과는 어울리지 않는 장면이어서였을까, 계속 두들기자 여기저기 상처가 나는 지퍼백을 보며 왠지 불편한 감정이 생겼다. 더 저렴하고 대중적인 가게였다면 모를까, 그곳은 메뉴 하나에 기본 1만엔(약 10만원)이 훌쩍 넘는 고급 식당이었다. 그런데 눈앞에서 지퍼팩에 담긴 오이를 두들긴 뒤 요리로 내놓고는 1만엔이나 받는 것은 너무 하지 않은가.

백번 양보해서 오이무침이라는 요리가 원래 그렇다고 해도 손님이 보이지 않는 곳에서 해야 하지 않나, 라는 의문이 들었다.

크게 부풀어 오른 기대감이 확 가라앉아 버렸지만, 석화의 맛만큼은 최고였다. 돌아갈 때 내일 아침으로 먹으라며 샌드위치를 선물로 받았다. 다음날 아침 식사로 먹어보니 역시 맛이 좋았다. 음식 맛도 좋고, 손님에 대한 서비스도 할 줄 아는 곳이지만 다시 방문할지 묻는다면, 확실하게 대답하지 못하겠다. 한 가지 더 신경쓰인 게 있었는데, 지배인의 복장이었다.

식사가 끝나고 계산서를 부탁하자 지배인이 전표를 들고 왔는데, 정장에서 빠져나온 와이셔츠의 소매가 마구 구겨져 있었다.

젊은 지배인이었기 때문에 아직 사소한 부분까지 주의를 기울이지 못한 듯했지만, 그렇더라도 멋진 분위기와 훌륭한 요리에서

● 일본식 오이무침キュウリたたき은 오이를 소금에 문질러 닦은 후 두드려서 조각내어 양념과 같이 무친다

잔뜩 부풀었던 마음이 아쉬움으로 바뀐 것은 사실이다.

가격이 조금 높은 가게라면 그에 상응하는 복장이나 단어를 구사해야 할 필요가 있다. 왜냐하면 상품 이상으로 그것을 제공하는 '사람'도 중요하기 때문이다. 손님은 맛과 사람, 서비스를 통틀어서 비싼 가격을 내는 것이다.

내가 판매를 하고 있는 생명보험에도 그러한데, 같은 상품을 다루더라도 영업사원에 따라 계약률이 몇 배씩 차이가 난다.

만약 고객이 상품만 평가하여 계약을 한다면 사람에 의한 차이가 생겨나지 않을 것이다. 그렇지 않다는 말은 고객이 '상품' 만이 아니라 판매하는 '사람'까지 구매결정 요인에 포함시킨다는 의미이다.

거리를 걷다보면 예전부터 있던 가게가 없어지고, 새로운 가게가 들어서는 경우가 있다. 자세한 사정은 알 도리가 없지만, 의외로 이런 사소한 부분의 차이가 만들어내는 현상일지도 모른다.

5

고급 호텔과
싸구려 면도기

꽤 오래 전 어느 고급 료칸에 머물었을 때 일이다.

1박에 식사 포함 5만 5천엔(약 55만원)이라는 비싼 숙박료를 지불했다. 따로 식사 공간이 마련되어 있어서 여유롭게 식사할 수도 있고, 제공되는 요리는 두말할 것 없이 호화로우면서도 고급스러운, 한 마디로 최상의 맛이었다.

방은 일본 전통 스타일의 내부 장식에다 낮은 침대도 구비되어 있었고, 개별 노천온천도 완비되어 있었는데 온천에서 보이는 풍경은 완벽 그 자체였다.

방 안에 시설도 전부 최신식으로 대형 TV에 DVD플레이어도 갖춰져 있었다. 편의용품에도 심혈을 기울였는지 구비된 모든 것들이 전부 고급스러웠다. 부드러운 재질의 목욕 타월과 가운, 유카타와 실내복도 준비되어 있었다.

접객이며 서비스, 시설, 요리 등 모든 면에서 나무랄 곳이 없는 완벽한 료칸이었다. 없는 것이 없다고 표현할 만큼 완벽한 료칸이었는데, 딱 하나 만족스럽지 않은 것이 있었다. 바로 면도기이다.

사실 면도기는 그 료칸만의 이야기는 아니다. 아무리 고급스러운 료칸이나 높은 등급의 호텔이라도 면도기만큼은 대체로 일회용(2중날)을 구비해 둔다. 최근 부드럽게 깎이는 4중날 면도기가 시중에 많이 팔리는데도 거의 대부분의 숙박시설에 준비되어 있는 면도기는 저렴한 2중날이다.

나는 수염이 진하게 나기 때문에 면도기에 민감한 편인데, 료칸이나 호텔에 구비된 면도기를 이용하면서 부드럽게 깎인다고 느낀 적은 아쉽게도 한 번도 없었다. 할 수 없이 외박을 할 때면 일부러 개인용 면도기를 챙긴다. 전동 면도기를 가지고 다니고 싶지만, 짐이 되기 때문에 일회용 면도칼을 가지고 다닌다.

숙박했던 료칸에 4중날 면도기가 놓여 있다면 불필요한 짐을 줄이고, 더 훌륭한 서비스가 되었을 것이다.

궁극의 호스피텔리티(hospitality)란 고객이 단 하나의 스트레스도 받지 않도록 다방면으로 완비해 두는 것이다. 당연한 말이겠지만, 식은 음식을 고객에게 내놓아서는 안 되며 모든 서비스를 언제나 최상의 퀄리티로 제공해야 한다. 두둑이 쌓아둔 타올은 손님이 부족함 없이 사용하길 바라는 마음에서 시작되었고, 몇 종류씩 준비되어 있는 실내복은 고객의 모든 니즈를 충족시키기 위함이다.

고객이 일말의 스트레스를 느끼지 않도록 하겠다는 의지가 느껴져서 언제나 고급 료칸이나 호텔에 묵을 때면 새삼 감동한다.

최고의 서비스를 고집하는 곳이 바로 고급 숙박시설인데, 왜 면도기만은 그렇지 않은 걸까. 면도기의 원가가 얼마인지는 모르겠지만, 나처럼 수염이 진한 사람이라면 비슷한 감정을 느낄 것이다.

세상에는 너무나 다양한 사람이 있어서, 그 모든 바람을 충족해내기란 아주 어려운 일이다. 그렇지만 아주 조금의 관심만 더해도 지금까지 보지 못했던 부분에도 새로운 면이 보인다. 진지하게 고민하는 시간을 갖다 보면 반드시 그 배려가 상대에게 닿을 것이다.

6

계산 할 때는
섬세한 배려를

이번에는 계산할 때의 에피소드를 이야기하려고 하는데, 사실 너무 사소해서 다루기 조심스러운 부분이기도 하다. 숙박시설뿐 아니라 음식점에서도 느꼈던 점이다.

자, 상상력을 발휘해 보자. 온천이 딸린 숙박시설이나 서비스가 훌륭한 고급 레스토랑을 떠올리고, 그날 계산을 하는 사람을 자신으로 상정한다. 계산은 프론트나 계산대 앞에서 한다고 할 때, 영수증을 아무 말 없이 건네주기도 하는 한편, 금액을 소리 내어 읽어주기도 한다.

내가 문제 삼고 싶은 쪽은 후자이다. 계산대에 금액이 표시되어 있고 주문지에도 금액이 버젓이 쓰여 있는데, 동행인이나 고객에게까지 들리도록 소리를 내어 금액을 읽어주는 경우 말이다. 굳이 말하지 않아도 된다는 말이 순간 튀어나올 뻔한 적도 있다.

가격은 아주 예민한 문제이다. 함께 있는 사람에게 금액을 알리고 싶지 않은 상황도 있으니 특히 배려가 필요한 순간이다.

회사 후배가 세무사 100명과 계약을 체결한 적이 있는데, 그 당시 후배의 경력으로는 꽤 큰 계약이어서 나는 이를 기념하고자 축하기념 식사를 마련한 적이 있었다.

그런데 생각해보니 나와 함께하는 식사는 결국 업무의 연장선이 될 터였고, 후배 입장에서도 그리 재미있는 자리가 아닐 수 있겠다는 생각이 들었다. 똑같은 값이라면 나보다는 후배가 편하게 느끼는 사람과 함께하는 게 좋겠다는 생각에 이런 제안을 했다.

"축하를 위한 자리이지만, 특별히 내가 아니어도 괜찮지? 고객이 추천해줘서 가 본 곳인데, 내 기준에서 여기는 도쿄에서 가장 맛있는 이탈리안 가게야. 아내와 함께 다녀 와."

"예? 그래도 괜찮으신가요?"

거절하지 않고 있는 그대로 기뻐하는 후배에게 "어쭈, '선배와 기쁨을 나누고 싶습니다!'라는 말은 안하네" 하며 농담반 진담반으로 너스레를 떨었다(나의 서운한 마음은 차치해두고). 계약 때문에 그의 얼굴도 자주 보지 못한 아내가 서운했을 테니, 역시 나보다는 아내와 함께 시간을 보내는 편이 좋을 듯 싶었다.

나는 그들의 식사 예정일보다 앞서 후배에게 말해둔 레스토랑으로 발을 옮겼다.

"며칠 뒤에 후배가 식사를 하러 올 예정입니다. 잘 부탁드립니다."

그렇게 부탁을 한 후, 미리 넉넉히 금액을 지불해 두었다. 레스토랑에 청구서를 보내달라고 하고 싶었지만, 내가 그런 부탁을 할 정도는 아니었기 때문에 미리 금액을 지불하는 것으로 마무리했다. 굳이 미리 계산을 한 이유는 후배에게 식사 금액을 알리고 싶지 않았기 때문이다. 후배가 먼저 계산하고 나중에 영수증을 받는 방법도 있지만 그 방법은 아무래도 그들이 금액을 신경 쓰게 되고, 이는 다시 부담으로 느껴질 수 있다.

무엇보다도 돈을 신경 쓰지 않고 두 사람이 식사를 온전히 즐겼으면 하는 마음이 가장 컸고, 가격을 알려서 생색내고 싶지도 않았다.

후배라고 해서 특별했던 것은 아니다. 동행인이나 고객과 레스토랑에서 식사를 할 때도 같은 마음이다. 가격이 높은 경우에는 상대방이 부담을 느끼게 되고, 반대로 낮은 경우에도 또 다른 문제가 생겨난다. 모처럼 쓴 큰돈을 상대에게 자랑하고 싶은 사람도 있을지 모르지만, 세상에는 다양한 사람과 다양한 상황이 존재하기 때문에 사소한 배려는 필요한 법이다.

20년도 더 된 아주 옛날 이야기지만, 학생 시절 읽은 잡지에 데이트 매뉴얼이라는 기사가 있었다. 그 기사에는 이런 말이 쓰여 있었다.

'계산은 그녀가 식사를 끝내고 화장실에 갔을 때 슬쩍.'

요컨대 상대에게 부담을 주지 않게 배려하라는 의미이다. 때로는 상대와의 관계에서 큰 영향을 줄 수 있기에 그만큼 돈을 다룰 때는 섬세함이 필요하다.

평소 즐겨 가는 패밀리 레스토랑이나 선술집이라면 몰라도, 고급 호텔이나 레스토랑은 특별한 날 찾는다. 그렇기 때문에 계산의 순간까지 완벽하기 위해서는 세심한 주의가 필요하다.

세상의 모든 가게와 호텔에 말하고 싶다. 계산 금액은 지불하는 사람 외에는 보이지 않게 해 달라고.

7

안타까운 순간에
힌트가 숨어있기 마련

지금까지 사소한 배려가 부족하다고 느낀 순간에 대해 이야기했다.

공감하는 사람도, 반대로 와닿지 않은 사람도 있을 것이다. 또, 너무 사소한 부분까지 신경 쓴다며 어쩐지 불편하게 느낀 사람도 분명 있을 것이다. 잔돈과 영수증을 같이 건네는 택시기사님의 행동이나 물을 부탁했는데 테이블 정리를 먼저 하는 직원의 행동, 모두 사람에 따라서는 배려가 부족하다고 느끼기 보다는 '평범한 행동'이라고 여겨질지도 모른다. 나 역시 상대 입장에서 생각해 봤을 때 충분히 이해가 되는 행동이었다.

그러나 그 평범한 행동을 넘어서면 아주 작은 차이라도 업무에 있어서는 큰 차이를 만들어낸다.

그렇다면 먼저 '평범한 행동'이 어떤 것인지를 알아차려야 한다. '평범'은 어떻게 만들어지는가. 물론 다 다르겠지만 대다수의 사람이 취하는 행동, 그리고 그것이 자연스럽게 받아들여진다면 그것이 평범한 행동이다.

하나의 예를 들어서 생각해 보자.

감기에 걸려 병원을 갔다고 상상해보자. 혼잡한 대기실에서 잠시 기다렸다가 이름이 불리면 진료실로 들어간다. 진료실 의자에 앉아 증상을 이야기하면 의사는 청진기를 몸에 대고 이런저런 얘기를 해준다. 그럼 주사 처방을 받거나, 아니면 약 처방만 받고 마지막으로 결제를 하면 '조심하세요'라는 말과 함께 집으로 돌아온다.

병원을 갔다온 하루는 대체로 이런 느낌이다. 말 그대로 평범한 하루다. 그런데 진료가 끝난 뒤 갑자기 비가 내리는 것이다. 주차장까지는 겨우 20~30미터로, 달리면 많이 젖지 않을 것 같다는 생각을 하면서 비를 바라보고 있는데, 접수처에서 말을 건넨다.

"우산 가져오셨나요?"

"아니요, 안 가지고 왔어요."

이렇게 대답하자 "그럼 모셔다 드릴게요"라며 우산을 씌워주고, 자동차까지 데려다 준다고 말한다.

"아니요, 괜찮습니다. 차까지 금방이에요."

"젖으면 몸에 안 좋아요. 감기도 걸리셨고요."

비에 젖지 않도록 우산을 씌어주며 차까지 데려다 준 뒤, 차에 올라타는 모습까지 본 다음에 "그럼 몸조리 잘하세요" 하며 웃는 얼굴로 인사를 해준다.

만약 그런 의사가 있다면 병도 금방 나을 것 같다.

강연에서도 이런 예시를 들면 참석자 모두가 고개를 끄덕이며 공감한다. 당연히 나도 그런 의사가 있는 병원이라면 다시 가고 싶어질 것 같다.

같은 상황이 고급 주점에서라면 어떨까. 비가 오는 날, 식사를 마치고 나오자 사장님이 우산을 씌워주고 택시까지 태운 뒤 "또 오세요" 하고 웃는 얼굴로 차 문을 닫는다고 상상해보자.

주점의 서비스에 마음속 깊이 감동하는 사람은 많이 없을 것이다. 왜냐하면 직업별로 고객이 갖고 있는 '기준치'가 다르기 때문이다.

주점의 사장님이 우산을 씌워서 차까지 배웅을 해주는 행동은 앞서 얘기한 것처럼 자연스럽게 받아들여지는 평범한 행동이다. 그런데 의사의 행동은 같은 배려라 하더라도 아주 감동적이다. 그 업계의 사람들은 대체로 하지 않기 때문이다. '별것 아닌' 배려가 사람을 끌어당기는 매력적인 요소가 되는 것이다.

앞에서 소개한 안타까운 순간들은 사람에 따라서는 평범한 일상에 그칠지 모른다. 그러나 평범함에서 한 단계, 아니 딱 한 발자국만 나아가도 업무에 큰 변화를 불러올 것이다. 업무에서 일어나는 안타까운 모든 순간에는 사실 엄청난 힌트가 숨어 있다.

이제 자신의 업무에서 발생하는 '평범한 행동'을 찾아보자. 평범하지 않다고 생각하는 순간 커다란 힌트가 눈앞에 나타난다.

5

상 대 의
마 음 을
움 직 이 는
힘

나만의
배려를 만드는
10가지 법칙

1

관찰하고 인식하라

"가와다 씨는 어떤 마음을 갖고 업무에 임하나요?"

이 질문은 강연에서 자주 받는 질문 중 하나이다. 특히나 고객을 직접 대면하는 영업사원들은 상당히 진지하게 묻는다.

꽤 많은 사람들이 궁금해한다는 건 그만큼 중요하다는 의미다. 그래서 이번 장에서는 앞서 다룬 배려의 중요함을 전제로 두고, 배려를 어떻게 업무에 활용하고 있는지에 대해 이야기해볼까 한다.

고객의 회사에 방문할 때 입구와 가장 멀리 떨어진 곳에 주차를 하거나 손수건 위에 가방을 올려두는 것은 내 나름의 소소한 배려인데, 이를 일종의 테크닉이라고 말해도 좋다.

그러나 이런 테크닉적인 면보다 더 중요한 것은 '관찰'과 '인식'이다. 영업을 나가기 전 나는 이 두 가지를 마음에 싣고 출발한다.

차를 끌고 거래처 회사를 방문했다고 가정해보자.

거래처 주차장에 들어선 순간부터 나에게는 "우리 회사는 이런 회사랍니다"라는 회사의 '목소리'가 들린다.

이 회사의 목소리를 듣는데서부터 나의 영업은 시작된다.

예를 들어 주차장에 경차가 많이 세워져 있으면 나는 이 회사에 여성 직원이 많을 것이라고 상상해본다(어디까지나 상상이다). 주차장에 쓰레기 하나 없이 깨끗하고 회사 건물과 주차장 바닥에 잡초조차 나있지 않다면, '아, 이 회사는 깔끔한 회사구나' 하고 상상해본다. 사무실에 들어설 때 직원들의 대응이 활발하면 '이 회사는 사장님의 지도가 명확한가 보다'라고 상상해본다. 이런 식으로 상상을 해보면, 어렴풋하게나마 사장님의 얼굴이 그려진다.

또 다른 예로 슬리퍼가 있다. 나는 회사에 방문하면 슬리퍼가 정리된 모양에 주목한다. 바구니에 슬리퍼가 담겨 있는 회사도 있고, 신발장에 정연하게 줄지어 정리해두는 회사도 있다. 집이나 방에 주인의 성격이 드러나듯 슬리퍼 정리 방법 하나에도 그 회사의 성격이 묻어난다. 이러한 목소리에 귀를 기울이며 상대가 어떤 사람인지 상상의 나래를 펼친다.

요컨대 관찰하고 인지하는 것.

왜 관찰과 인지가 필요할까?

이제부터 만날 상대가 어떤 사람인지 조금이라도 더 잘 알고 싶기 때문이다. 일이란 상대가 어떤 사람인지를 잘 알아야 제대로 커뮤니케이션할 수 있다. 나의 경우는 영업이기 때문에 고객을 정확하게 파악하지 못하면 상품안내는커녕 어떤 이야기를 꺼내야 좋을지 감도 잡히지 않는다. 특히 첫 대면은 무슨 이야기를 해야 하는지 긴장되는 자리이다. 아마 모두가 그럴 것이다.

세세히 관찰하고 인식한 부분에서 대화의 물꼬를 틀 수 있다. 이런 극도의 긴장상태에서 대화를 시작할 수 있는 키는 바로 그 회사에 숨겨져 있다.

예전에 어느 사장님과 만났을 때 일이다.

40대 중반의 젊은 사장님으로, 운영하는 회사의 규모가 크지 않았지만 다양한 지역모임의 간부로 활동하는 분이었다. 여러 모임의 간부를 맡기에는 나이가 너무 젊은 것 아닌가, 라는 생각을 하던 차에 사장실을 방문한 순간 그 이유를 알 수 있었다. 사장실 벽에는 일곱 장의 달력이 걸려 있었다. 일곱 장 모두 같은 달을 가리키고 있었고 각각 다른 회사의 이름이 쓰여 있었다.

달력은 한 장이면 충분할 텐데, 사장님은 지금의 자신을 있게 한 거래처의 달력을 모두 사무실에 걸어 두면서 초심을 지키려고 한 것 같다. 그런 강한 정신력 덕분에 젊은 나이임에도 여러 모임의 회장을 맡고 있는 것이다.

물론 이 역시 나의 상상일 뿐이다.

앞서 몇 번이나 언급했듯 보험에 대해 관심을 표하면서 적극적으로 이야기를 듣고자 하는 사람은 거의 없다.

대부분 '이야기는 들어보겠지만, 보험을 들 생각은 없다'는 자세로 영업사원들을 대하기 때문에 영업사원 입장에서는 첫 만남에서 하는 대화 내용이 상당히 중요하다.

그 사장님과의 만남도 본인의 의지보다는 다른 고객의 소개로 성사된 자리였기 때문에 사장님도 생명보험에 흥미가 없어 보였다. 그날 나는 일상대화를 나눈 뒤 사장님에게 말했다.

"이런 말은 실례인 줄 알지만, 이제까지 저는 여러 모임의 회장 자리에 앉아 계시는 분들은 대개 유명한 분이거나 지역을 대표하는 대기업 간부들이라고 생각했습니다. 그런데 규모가 크지 않은 회사의 사장님이 여러 모임의 회장직을 맡고 계시다고 해서 사실 그 이유가 궁금했어요. 하지만 이제 그 이유를 알 것 같습니다."

사장님은 갑자기 무슨 이야기인지 어리둥절한 표정으로 가만히 이야기를 듣고 있었다. 일곱 장의 달력을 보며 말했다.

"사람의 인연을 중요하게 여기는 분이기 때문입니다."

그러자 사장님은 기쁜 표정으로 대답했다.

"예에. 부끄럽게도."

그 말을 기점으로 사장님은 대화에 적극적으로 참여했다.

그날 보험에 대한 이야기는 하지 못했지만 처음과는 다른 분위기에 "다음에 만날 때는 보험에 대해 한 시간만 시간을 내주세요"라는 나의 부탁에 흔쾌히 알았다고 대답했다.

자세히 상대를 관찰하고 느낀 것을 솔직히 말하니 긴장된 분위기가 풀리고 마음까지 바꿀 수 있었다. 모든 관찰과 인지가 옳다는 말은 아니다. 그러나 유심히 관찰하고 상대를 인식하면 점차 상대의 성격이 파악되고 대화의 힌트를 얻을 수 있다.

상대를 관찰하고 인식하라.

모든 업무에 있어서도 아주 중요한 포인트가 아닐까.

2
상대의 기분에
주파수를 맞춰라

관찰과 인식을 통해 상대가 어떤 사람인지 상상할 수 있다면 다음 단계는 라디오 주파수를 맞추듯 상대의 기분에 자신을 맞춘다.

쉽게 얘기하면 상대방 입장에서 대화를 나눈다고 생각하자. 나는 기본적으로 상대방은 보험에 대해 듣고 싶지 않는다는 전제를 깔아 두고 이야기를 시작한다. 대체로 이런 식이다.

"오늘은 생명보험으로 찾아 뵈었지만, 꼭 지금 보험 상품에 관해 듣고 싶으신지요(오히려 이쪽이 더 곤란하다는 듯)."

"죄송하지만 지금은 특별히 필요하지 않아요."

대부분은 이렇게 대답한다. 간혹 "그렇지 않아도 다시 제대로 좀 알아보려고요"라고 대답하는 사람도 있지만, 그다지 기쁜 대답

은 아니다. 왜냐하면 이런 대답을 듣는 순간 그 자리에서 보험에
관한 대화를 무조건 해야 하기 때문이다.

'보험 영업을 하는데 보험 이야기를 할 수 있다면 좋지 않은
가?'라고 생각할지도 모르지만 상대를 제대로 알지 못한 상태에서
보험을 제안했다가 거절을 당하기라도 하면 그 사람과의 관계는
거기에서 끝나버린다. 이는 내가 가장 피하고 싶은 케이스이다.

우선 상대방을 알고 난 뒤 이야기를 꺼내고 싶은 내 마음을 알아
주기라도 하는지 다행히(라고 하는 표현도 이상하지만) 대부분 보험
에 대해 부정적이라 나는 언제나 이렇게 말한다.

"역시 그러시죠. 알겠습니다. 대부분 그러세요. 그래도 왜 보험
이 싫은지 여쭈어 봐도 될까요?"

보험을 싫어하는 사람에게는 각자의 다양한 이유가 존재한다.
무턱대고 가입을 권유받았거나, 영업사원이 마치 보험을 들지 않
으면 큰일난다는 듯 말하거나, 끈질긴 영업에 질렸다거나 등등.

보험을 좋아하지 않는 이유를 당사자인 보험 영업사원에게 말
하는 상황이 흔치는 않으나 고객들은 의외로 솔직하게 말해주는
편이다. 아마도 고객들은 편견 없이 모든 이야기를 듣는 사람을 보
며 '이 사람은 자신의 이유를 그대로 받아들여준다'고 생각하는 것
같다.

나는 상대가 보험을 싫다고 해서 단념하지 않는다.

보험 영업을 해야 하는데 보험을 단념해버리면 이 일을 하는 의미가 없지 않나. 실제로 내가 만난 사람 중에서도 보험을 정말 싫어해서 여전히 만나주지 않는 사람이 있다. 그런 사람들에게는 늘 이렇게 말한다.

"죄송합니다. 지금 제가 여기에 앉아서 기분이 많이 나쁘시진 않으시죠."

영업사원 중에 자신의 부정적인 정보를 감추려고 이리저리 대화 주제를 돌리려는 사람이 있는데, 사실 주의를 다른 곳으로 끌어봤자 결국 거절이 거듭될 뿐이다. 심지어 그런 방법으로는 그 이유도 알지 못한 채 상담이 끝나버리는 경우가 부지기수이다.

대부분의 영업사원은 자신이 판매하는 상품에만 집중되어 있다. 나 역시 마찬가지이다. 그러나 고객은 아니다. 상품은커녕 자신에게 영업을 하고 있다는 사실에 불쾌감을 느끼는 사람이 더 많을지도 모른다. 영업사원에게 있어서 이는 '불편한 진실'이다.

불편한 진실을 외면한 채 상품을 팔고자 하는 마음만 앞서 자신의 이야기만 늘어 놓는다면 대화는 성립되지 않는다.

첫 번째 방문에서는 상품을 팔고자하는 의욕을 잠시 내려 놓고 상대의 기분과 이야기에 맞춰 대화를 이끌어나간다. 그럼 고객과 구체적으로 어떤 이야기를 할까? 나는 주로 출신지를 묻는다.

"저는 누마즈* 출신입니다."라고 고객이 대답한다면 나는 '바다가 보이는 동네에서 자랐을까?' 하고 상상하며 그 사람의 이야기를 내 나름대로 그려나간다.

도쿄에서 근무하는 사람이라면 이런 질문을 한다.

"언제부터 도쿄에서 사셨나요?"

"도쿄에는 사회인이 되고 나서 왔습니다."

"학생 때는 어디서 지내셨어요?"

"학생 때는 계속 누마즈에 있었습니다."

'그렇다면 고향의 영향이 강하겠군.' 하면서 상상에 옷을 입힌다.

만약 내가 "도쿄에서는 처음 어디에 사셨나요?"라고 물었을 때 "지유가오카에서 살았습니다"라는 단순한 대답과 "에도가와 구의 미즈에라고 아시나요? 거기에 살았습니다"라고 조금 더 덧붙여진 대답은 대화를 이어가는 데 큰 차이가 생긴다.

어떤 곳에 살았는지 알 수 있으면 그 사람의 가치관이 보인다(어디까지나 제멋대로 하는 상상이다). 출신지에 관한 이야기를 나누다 보면 조금 더 그 사람의 주파수를 잘 찾아서 맞춰 갈 수 있다.

이야기에 그치지 않는 경우도 있다. 앞에서 소개했던 8,500마리

● 일본 북동 해안에 인접한 상공업도시

의 소를 키우는 축산업 사장님과 만났을 때는 실제로 우사를 보여 주셨다.

사장님의 차로 우사까지 함께 갔는데 도착한 광활한 우사에는 8,500마리의 소가 있었다. 정말이지 굉장한 숫자의 소가 모여 있었다. 사장님이 우사 앞에 차를 세우자 나는 물었다.

"내려서 걸어도 되나요?"

"되긴 하는데, 아무래도 바닥이 깨끗하진 않아요. 소의 분비물도 있고, 냄새도 많이 나고."

"쉽게 올 수 있는 곳이 아닌데다 여기까지 사장님이 데려다 주시기도 하셨고. 이왕이면 우사를 '본 적 있는' 사람이 아니라 우사를 '걸은 적 있는' 사람이라고 말하고 싶습니다."

사장님의 허락을 맡고 우사 안을 걸었다. 소를 보고, 여물도 만져보고, 소의 잠자리나 퇴비를 만드는 기계도 보았다. 생명보험 영업에서는 보통 이런 경험을 하지 않지만 나는 그곳을 꼭 걸어보고 싶었다. 왜냐하면 사장님이 사랑하는 장소이기 때문이다.

그 사람의 현재를 만든, 그 사람의 역사가 집약된 곳을 실제로 걷고, 사장님의 손길이 닿는 곳을 나 역시 만져보면서 사장님을 잘 이해하고 싶었다(말은 이렇게 하지만 대부분 순수하게 견학을 즐기긴 하지만 말이죠). 상대가 경영자라면 업무 장소는 그 사람이 가장 애정을 쏟는 장소이다. 그 장소에 흥미를 갖지 않는다면 상대의 기분

주파수에 나를 맞출 수 없다.

단 한 순간이라도 좋으니, 상대의 생각과 자신의 생각을 비슷하게 만들자.

편의점에 가는 고객과 편의점 직원은 처음부터 쉽게 주파수를 맞출 수 있다. 사고 싶은 사람과 팔고 싶은 사람의 만남이니 서로의 생각이 일치한다. 그러나 영업은 그렇지 않기 때문에 의식하면서 주파수를 맞추지 않으면 대화를 이어나가기 힘들다.

앞서 언급했듯 나는 글을 그다지 읽지 않는다. 1년에 책을 세 권도 채 읽지 않고, 비즈니스 관련 서적은 거의 손도 대지 않는다.

비즈니스맨으로서는 실격일지는 모르지만, 의외로 신문이나 비즈니스 서적보다 개그 프로그램이 영업에 더 도움이 될 때가 있다. 개그맨들은 사람들의 반응을 바로바로 느끼고 판단하면서 임기응변으로 분위기를 만들어간다. 그중에서도 관객 바로 앞에서 하는 개그공연이 으뜸이다.

가끔 애드리브로 상대를 끌어들이기도 하고 이야기와 이야기 사이에 간격을 두고 속도를 조절하면서 관객을 리드한다. 이러한 능력은 단순히 연습한 개그를 그대로 연기하는 정도로는 갖출 수 없다. 고객의 주파수를 찾아내는 능력이 높아야만 가능하다.

개그맨이 인기가 있는 이유는 단순히 언변이 좋기 때문이 아니라, 평소에도 상대를 배려하기 때문은 아닐까. 이런 생각을 염두에

두고 개그 프로그램을 보고 있으면 굉장한 공부가 된다.

고객과 만날 때 막힘없이 이야기할 수 있도록 사전에 연습하는 것도 물론 중요하지만 실제 고객을 만났을 때 연습한 대로 잘 전달하는 것이 더 중요하다. 예를 들면, 준비한 개그는 완벽하게 연기해 내지만 재미있는 애드리브는 생각나지 않는 개그맨과 같다.

상대의 기분이나 상황을 관찰해서 그에 맞는 이야기를 꺼내는 센스는 비단 개그맨에게만 필요한 스킬이 아니다. 어떤 분야이든 이러한 센스를 발휘하면 더 훌륭히 업무를 해낼 수 있지 않을까.

3

성심껏
문제를 해결해주어라

영업뿐 아니라, 모든 서비스 업종에 유념해야 할 원칙이 있다.

고객은 상품을 구매하는 것만이 아니라 신뢰할 수 있는 사람에게 문제해결을 요청한다는 것이다.

내가 만난 고객들 중 대부분이 자신에게 딱 맞는 보험에 가입했는지, 자신의 돈이 헛되게 나가고 있는 것은 아닌지 불안해했다. 실제로 이런 고민은 많은 사람이 갖는데, 대게 그들은 지금 보험을 해지하고 새로운 보험에 들고자 하는 게 아니라 단순히 불안을 해결하고 싶어 했다. 자신의 불안을 믿을 만한 프로에게 맡겨 그가 해결해주기를 바란다.

때에 따라 '지금 이 보험으로도 다른 보험 없이 충분합니다. 왜냐하면 이러저러한 이유로 이 상품에 가입하셨기 때문에 지금 이대로도 괜찮습니다'라는 말을 바라는 경우도 있고, 반대로 정확한 판단을 통해 '지금은 괜찮지만, 나중에 아이가 생기면 이런 상품도 고려해 보는 편이 좋을지도 모르겠습니다'라는 대안을 제시해주길 바라는 경우도 있다.

솔직하게 전문가의 입장에서 상담을 진행하면 언젠가 그들이 나의 고객이 되어 보험에 관한 상담을 요청하는 일이 생길지도 모르는 일이다. 결국 제일 중요한 포인트는 고객에게 '신뢰할 수 있는 사람'이 되는 것이다.

가격이나 성능에 눈에 띄는 차이가 있다면 다르겠지만, 차이가 미미하다면 상품 외의 요소로 구매를 결정하는 경우가 의뢰로 많다.

다른 예로 DVD플레이어를 산다고 가정해 보자. 대형 할인마트와 개인이 운영하는 집 근처 가전제품 가게 중 당신은 어느 쪽에서 구매를 하는가.

가격만 비교해보면 대형 할인마트가 훨씬 저렴하다. 가전제품에 대한 지식이 풍부하고 복잡한 기계설치도 어렵지 않게 해낼 줄 안다면 당연히 가격적인 면을 따져서 대형 할인매장에서 싸게 사는 편이 이득이다. 그러나 가전제품 설치에 자신이 없고 설명서를 읽어도 잘 모르는, 애초에 사용방법조차 익숙하지 않은 사람이라면 어떠할까. 가볍게 상담할 수 있고, 곤란한 일이 있으면 바로 달려와 주는 근처 가게가 더 좋지 않을까.

대형 가전회사에 다니는 지인에게 들은 이야기인데, 요즘 개인이 경영하는 가게들의 매상이 꾸준히 증가하는 추세라고 한다. 특히 고령의 노인들의 니즈가 높아지고 있다고 하는데, 쉽게 이해가 갔다. 가전제품을 다루는 게 어려운 사람에게는 다양한 AS를 제공해주는지도 중요한 구매결정 요소이니까 말이다.

다시 말해, 자신의 '문제를 해결해줄' 사람을 찾고 있다는 의미이다.

고객의 문제를 해결하기 위해서는 문제를 발견해야 하며 그러기 위해서는 상대의 기분 주파수를 잘 찾아, 그가 겪고 있는 고민을 정확하게 파악해야 한다.

신뢰할 수 있는 사람이 되어 문제를 해결한다.

이 두 가지 요소가 갖춰지면 자연스레 관계가 이어지고, 고객은 당신에게 가고자 하는 마음이 생겨난다.

4

유익한 정보를
아낌없이 꺼내라

문제해결 단계까지 가기 위해서는 먼저 신뢰할 수 있는 사람이 되어야만 한다. 어떻게 신뢰할 수 있는 사람이 될 수 있을까.

내가 생각한 방법은 고객의 요구를 정확하게 판단하고 자신이 도울 수 있는 무언가를 적극적으로 제공하는 것이다. 이때 중요한 포인트는 고객의 요구를 반드시 상품으로 한정하지 않는 것이다. 때로는 자신이 다루고 있는 상품이 아닐 수도 있다는 열린 자세가 필요하다.

사람을 많이 만나는 나는 주변에서 얻은 다양한 분야의 지식과 정보를 전달하는 것만으로도 상대에게는 큰 도움이 되기도 한다.

나는 개인보험만이 아니라 기업보험도 함께 다루기 때문에 경영자를 만날 기회가 많다. 그러면서 알게 된 사실인데, 기업의 우두머리들은 의외로 비슷한 생각을 가지고 있다는 것이다. 그들의 머릿속에 항상 있는 생각은 바로 매출이다. 당연한 이야기이지만 정말로 경영자는 항상 머릿속에서 매출에 대한 생각을 반복한다. 기업의 사장님과 만나면 대화주제는 어느새 매출에 관한 이야기로 이어진다.

"어느 회사에서는 이런 캠페인으로 성공했습니다."

"재미있는 복리후생이 있어서 사원들이 즐거워하고 있는 회사가 있답니다."

"스터디클럽을 만들어보면 어떨까요."

업무 특성상 다양한 기업과 접촉할 기회가 많기 때문에, 나는 이런 정보를 나누면서 서서히 경영자들의 마음 주파수를 찾아간다.

상대에게 신뢰를 얻기 위해서는 물론 배려도 필요하다. 담배를 입에 문 상대에게 라이터를 꺼내는 배려를 말하는 것이 아니다. 내가 말하는 배려는 고객이 가장 중요하게 여기는 것이 무엇인지, 회사에 필요한 무언가가 있는지, 그 무언가를 내가 도와줄 수 있는지 생각해 보는 배려를 의미한다.

상대를 잘 관찰하고 자신이 할 수 있는 무언가를 고민하여 기꺼이 도와주는 행동이 비즈니스에서의 배려가 아닐까.

머리로는 알고 있어도 실제로 실천하는 사람들은 의외로 적다.

상대에게 도움이 되고 싶어도 풍부한 지식과 경험이 없다는 생각에 발이 멈춰버리는 경우가 많다. 많은 사람들이 생각 단계에 머물러 있는 가운데 실제로 움직이는 사람이 있다면 누구라도 그 사람에게 주목한다. 이는 큰 차이라는 점을 기억하자.

리쿠르트홀딩스에 다니던 시절, 고객을 회사로 데리고 온 적이 있다. 리쿠르트홀딩스는 영업력이 강하기로 유명했기 때문에 고객에게 회사를 보여주어 영업에 활기를 불어넣을 수 있다고 생각했다.

벽에 붙어 있는 영업성적 그래프나 각 부서마다 천장에 매달아둔 '영업 목표 달성을 축하합니다'라는 글귀 등은 리쿠르트 직원에게는 당연하지만 고객에게는 신선한 광경으로 비춰졌을 것이다. 또 사무실에서 전화를 하는 영업사원의 말투나 인사 방법까지도 고객에게는 참고가 될 만한 하나의 팁이 될지도 모른다.

이렇게 사소한 부분이라도 좋다. 더 사소해도 좋다. '아마추어의 생각이니까'라는 전제를 깔고, 주눅들지 말고 적극적으로 말해 보자.

다른 업계에서 보는 시점이 의외로 고객을 기쁘게 한다. 중요한 포인트는 크기에 상관없이 상대가 원하는 것, 즐거워할 만한 것을 상상하고 제시하는 적극적인 자세이다.

5

한 발 양보할 때 기회가 더 커진다

영업이란 결과가 숫자로 나타나는 직업이다.

판 것과 팔지 못한 것이 확실히 눈에 보인다. 그 안을 자세히 들여다보면 '팔지 못하는 영업사원'에게는 공통점이 있다. 바로 강압적인 태도이다(아마 다른 서비스 업종에서도 마찬가지일 테다).

예를 들면 시력검사도 하지 않은 채 눈앞에 상품을 늘어놓고 "어떤 안경으로 하시겠어요? 렌즈는 어떤 종류를 쓰시나요?" 같은 말을 하는 안경점 직원이다.

생각해 보면 아주 이상한 상황이다. 고객이 무조건 구매할 거라고 생각하고 있지 않은가. 나는 이러한 상황을 만들고 싶지 않아 상대에게 확실하게 말을 해두는 편이다.

"의리라든가, 혹은 저를 위해 보험에 들어주시는 거라면 안 그러셔도 괜찮습니다. 이야기를 들어보시고 필요하다고 느껴지지 않으시면 저는 더 이상 제안하지 않겠습니다. 시력이 좋은 사람에게 안경을 파는 영업은 절대 하지 않습니다. 만약 제가 그런 뉘앙스로 상담을 진행한다면 지적해주시기 바랍니다."

스스로에게 압박을 주는 말이지만 이러한 사실을 분명 고객도 알아줄 것이다. 오히려 '이렇게까지 말한다면 이 사람의 말을 조금은 들어볼까?'라는 생각을 한다.

생명보험업계로 이직을 한 원래 이유는 보험의 필요 여부는 물론 고객에게 어떤 보험이 어울리는지조차 분명하게 하지 않은 상태에서 영업을 하는 이 업계의 행태를 바꾸고 싶은 마음이었다. 검사도 채혈도 없이, 심지어 청진기조차 대보지 않고 느닷없이 처방전을 내밀며 약을 먹으라는 의사처럼 고객의 상황이나 생각은 전혀 고려하지 않은 채 진행하는 영업은 옳지 않다.

앞서 이야기했듯 고객은 문제해결을 원한다. 상대와 이야기를 나누면서 그 사람에게 보험에 대한 니즈(보험으로 해결할 수 있는 문제)가 없다고 여겨질 경우 나는 상품을 제안하지 않는다. 고객에게서 보험에 대한 니즈가 느껴질 때에만 상품을 설명한다.

이것은 생명보험만의 이야기가 아니다. 만약 공기청정기 영업을 한다고 하더라도 나는 보험상담을 할 때처럼 할 것이다. 공기청

정기가 당장 필요한지를 먼저 묻고, 필요 없다고 한다면 "알겠습니다"라는 말로 대화를 시작할 것이다. 그리고 여러 이야기를 나누다가 "사실은 남편이 피우는 담배 냄새가 조금 신경이 쓰여서요"라는 니즈를 파악한 다음에야 비로소 "그러시군요. 그럼 이 상품으로 문제를 해결할 수 있을지도 모르겠네요"라며 카탈로그를 보여줄 것이다.

영업사원이 찾아오면 고객은 기본적으로 상품을 팔기 위해 온다고 생각한다. 상품을 강하게 들이미는 영업사원을 물리쳐야 하는 적과 같은 존재라고 여겨 경계하는 사람도 있다. 그렇기 때문에 우선은 적이 아님을 전하려고 노력하는 게 먼저다.

이렇게 한 발 물러서는 스타일의 영업을 고집해 온 나는 이제까지 2,000건 이상의 계약으로 고객과 인연을 이어오고 있다. 그리고 그 99%가 고객의 소개로 만난 분들이다.

필요하지 않은 사람에게 팔지 말 것
필요한 사람에게 필요한 물건만 판매할 것
납득하여 만족하게 만들 것

내 마음 속에 언제나 자리 잡고 있는 신념이다.
고객과의 인연을 단단히 이어가기 위해 가져야 할 가장 중요한 마음가짐이라고 생각한다. 고객과 영업사원의 관계라 할지라도 진심은 전달되기 마련이다.

6

올인 금지,
업무 바구니를 분산하라

작은 배려를 업무에 사용하기 위해서는 절대적으로 필요한 능력이 있다. 바로 '수'를 다룰 줄 아는 능력이다. 영업으로 말하면, 상담 횟수를 뜻한다.

직종에 따라 다르겠지만, 대부분 경험과 여유는 비례한다. 판매가 잘 이뤄지지 않는 신입사원들은 금세 초초해지고, 그럴수록 어떻게든 팔고 싶다는 마음과 무조건 팔아야 하다는 마음이 커지면서 점점 궁지에 몰린다. 그런 상태에서는 실수를 범하게 된다. 상품과 관련 없는 이야기를 할 여유가 없어진 탓에 상대방에 대한 배려조차 잊게 된다.

그 결과 고객에게 미움을 받고 매출은 더 하락하는 악순환에 빠진다. 악순환에 빠지지 않으려면 상담횟수를 늘리기 위해 최선을 다해야 한다.

몇 번이나 이야기했듯이 나는 첫 만남에서는 상품 이야기를 하지 않을 때가 많다. 우선은 상대를 잘 알고, 그다음 자신에 대해서도 잘 알 것. 지피지기면 백전백승이다.

보험을 원하지 않는 사람이라도 고객의 머릿속 한 편에 나와 보험을 심어두기만 해도 성공이라고 생각했다. 그리고 가끔씩 연락하다보면 '그러고 보니 그 보험 말이야, 다시 한 번 얘기해보게'라는 말이 나올 수도 있으니 밑져야 본전이다.

눈앞의 상담에 매달리지 않고 여유로울 수 있는 이유는 항상 복수의 상담을 마련해두기 때문이다. 상담을 한 건밖에 해내지 못하면, 마음이 초초해지고 결과적으로 판매로 이어지지 못한다. 그렇기 때문에 상담횟수를 관리할 필요가 있다.

다른 직종도 마찬가지다. 오직 하나의 아이템에만 사활을 걸고 일하면, 열정을 쏟아부을 수는 있지만 실패했을 때의 충격이 크다. 궁극적으로는 여러 가지 아이템을 순조롭게 이끌어가는 능력이 필요하다.

업무는 접시돌리기와 비슷하다.

큰 접시(=큰 안건)을 돌릴 줄 아는 능력은 아주 대단한 일이다. 작은 접시(=작은 안건)을 많이 돌려도 마찬가지로 감탄스럽다.

신입 시절은 작은 접시 하나를 돌리는 방법부터 배운다. 즉 접시돌리기의 기본부터 익혀야 한다. 그런 뒤 두 개의 접시를 동시에 돌리는 방법을 터득하고, 그리고 나면 세 개를, 그리고 다시 네 개를 동시에 돌릴 수 있도록 연습한 뒤 그 다음부터는 조금씩 큰 접시를 돌리는 연습을 한다.

가장 이상적인 모습은 큰 접시를 많이 돌리는 것이겠지만, 쉽게 해낼 수 있는 일은 아니기 때문에 우리는 늘 기량을 늘리고 경험을 쌓으려 노력하는 것이다.

그런데 아무리 기량을 늘리고 경험을 쌓아도 접시는 언젠가 반드시 떨어진다. 언젠간 반드시 떨어질 접시이기 때문에 한 개에만 주력해서는 안 된다.

많은 접시를 돌리면 하나의 접시가 떨어지는 것을 필사적으로 막거나 접시 하나에 집착하지 않아도 된다. 하나의 업무에서 결과를 끌어내지 못해도 또 다음 업무로 행선지를 바꾸면 된다. 그렇게 함으로써 마음에 여유가 생겨나고 상대의 입장에서 생각할 줄 알고, 작은 배려로까지 이어지게 된다.

여유를 갖고 배려할 수 있게 된다면 고객에게는 기쁨을 줄 수 있고 나에게는 판매라는 결과로 이어진다. 이렇게 업무 전체에 선순환이 시작된다.

7
최고가 되고 싶다면 평범함에서 벗어나라

강연 후기나 독서 후기 메일을 찬찬히 읽다 보면 이런 말을 하는 분들이 있다.

'목표금액이 주어지거나 반대로 목표를 달성하지 못했을 때 일에 한계를 느끼곤 했습니다. 그러다 가와다 씨의 이야기를 듣고 마음이 편해졌어요. 이제부터는 새로운 마음으로 열심히 노력해보려고 합니다.'

의외로 이런 내용의 메일이 상당히 많다. 노력해 볼 마음이 생긴 것은 아주 좋은 일이지만, 숫자에 대한 목표가 주어진다면 나는 달성하기 위해서 필사적으로 업무에 매달린다.

이직하고 첫 2년 간은 업무에 집중하기 위해 아내와 아이들과 별거를 결심했다. 사무실 근처에 저렴한 맨션을 빌려 자취생활을 할 정도로 필사적으로 노력했다.

딸아이는 태어난 지 얼마 되지 않았고, 아직 아내 뱃속에는 작은 아들이 있을 무렵이라 마음이 흔들리기 쉬운 시기였다. 사실 나는 마음이 약한 인간이라 자칫 방심하면 금세 편한 길로 걸어가 버린다. 이런 나를 잘 알고 있었기 때문에 나는 아예 도망갈 곳을 없애 버렸다.

'가족과 떨어지면서까지 결심한 이직이니, 무조건 이곳에서 성공해야 한다!'

이런 마음으로 내 자신을 궁지로 밀어넣었다. 그러나 이따금씩 일이 끝나고 자취방으로 돌아와서는 한창 예쁜 딸아이 녹화영상을 보며 눈물을 흘린 적도 있고, 흔들리는 마음 탓에 쉽게 잠들지 못한 날도 있었다.

정말 괴롭고 힘든 2년의 시간이었지만 나 자신과 타협하지 않고 업무에 몰두했기 때문에 영업사원으로서 빠르게 성장했고, 현재의 내가 있을 수 있다고 생각한다.

어떤 직업이든 벽을 피하기만해서는 진정한 힘을 차지할 수 없다. 벽을 뛰어넘어야 비로소 보이는 풍경이 있다.

어느 회사의 스터디클럽에 초청받아 갔을 때, 이런 질문을 받았다.

"1인자 자리에 오른 사람과, 그렇지 못한 사람의 차이가 무엇인가요? 저는 회사 안에서 1인자가 되고 싶습니다. 어떻게 하면 1인자가 될 수 있을까요?"

젊은 사원의 질문이었다. 나는 그에게 물었다.

"진심으로 1인자가 되고 싶나요?"

"네."

"아주 간단합니다. 1인자 자리 외에는 아무 생각도 하지 않는 것입니다."

그 사람은 놀란 얼굴로 나를 바라보았고, 나는 이어서 말했다.

"내일이 휴일이라고 가정해봅시다. 그녀에게서 데이트 신청이 왔어요. 그것이 1인자 자리를 위해 절대적으로 필요한 데이트라면 해도 좋습니다. 하지만 그렇지 않다면 데이트에 응하면 안 되겠지요. 또 다른 예로, 친구들이 술 한잔하자며 불러냅니다. 그 자리가 대학 동기들 모임으로 1년에 한 번뿐이더라도, 1인자의 자리에 오르는 데 도움이 되지 않고 단순히 즐거움을 위한 자리라면 가지 말아야 합니다.

나는 '무조건 1인자가 되겠다.'라고 마음먹었다면 그 목표에 어울리는 것들에만 집중하세요. 회사에 있을 때만이 아니라 24시간 내내. 계속 그렇게 생활하는 거죠. 그렇지 않다면 최고에 오르고 싶다는 생각은 어린 아니가 대통령이 되고 싶다는 것과 같은 단순한 바람이 될 뿐입니다. 이것이 그 차이죠."

그는 멍한 얼굴로 말했다.

"꼭 그렇게까지 해야 하나요?"

"누구나 가질 수 있는 비슷한 레벨의 마음가짐으로는 1인자가 될 수 없으니까요."

성공이란 평범하지 않은 것.

평범하게 일하면 평범한 결과밖에 나오지 않는다. 그 이상의 결과를 이끌어내고 싶다면 평범하지 않게 일해야 한다.

배려도 마찬가지이다. 주위 사람과 똑같이 평범하게 만나고, 평범하게 상담한다면 고객은 기뻐하지 않는다. 업무에 좋은 결과를 가져오는 일도 없다.

작고 사소해도 상관없다. 조금이라도 남들 이상의 배려를 보여줄 때 비로소 성과에 반영된다.

고객은 비슷비슷한 상담을 기억하지 못하며 자연스레 잊어버린다. 부자연스러울 정도로 배려해야만 기억에 남는 영업사원이 될수 있으며 이러한 마음가짐이 1인자를 목표로 하는 사람에게는 필요하다.

8

모든 실패는
인생의 필요경비다

"가와다 씨도 실패한 경험이 있으실 텐데, 그 이야기를 들려주세요."

신입사원을 위한 강연회에서는 이런 질문을 받은 적이 있다. 실패에 대한 질문은 강연이나 스터디클럽에 초빙을 때면 매번 받게 된다. 그만큼 많은 사람들이 실패를 두려워한다는 의미이다.

메일에서도 업무를 완벽하게 해내지 못하여 괴롭다는 내용이 아주 많다. 그중에는 우울증을 진단받고 회사를 그만두었다가, 책을 읽고 마음을 다잡은 뒤 구직 활동을 다시 시작했다는 메일을 보낸 사람도 있었다. 반년 정도 지났을 무렵 취직되었다는 소식을 전해왔고 나 역시 아주 기뻤던 기억이 있다.

업무에서 실패를 겪거나 인간관계에 대한 고민으로 마음의 병을 앓게 된 사람이 많아지고 있다. 이러한 사회문제는 사실 아주 걱정스러운 문제가 아닐 수 없다.

내가 강연에서 자주 하는 질문이 있다.

"업무에서 실패했을 때와 갑자원*에서 나의 실수로 패배를 했을 때를 비교한다면 어느 쪽의 후회가 더 크다고 생각하십니까?"

고교 야구대회에서 실패했을 때라고 대답하는 사람이 압도적으로 많다. 팀과 관계자 모두에게 누를 끼친 것도 모자라, 자신의 실수가 전국으로 방송되기 때문이다. 심지어 재도전조차 할 수 없다.

그런데 그들은 후회에만 매달리지 않는다. 다음 대회를 위해 며칠 뒤면 글러브를 손에 쥐고 연습을 시작한다. 1학년과 2학년은 다음 대회를 위해 연습을 하고 3학년은 졸업이라는 리셋 기회를 갖는다. 고교야구에서 실수를 했다고 해서 대학에서 야구를 하면 안 된다는 법도 없다. 다시는 실수하지 않도록 연습에 몰두하여 새로운 시작이 준하면 그만이다.

사회는 다르다. 기본적으로 리셋 타이밍이 주어지지 않는다. 인사이동으로 다른 부서에 옮긴다 하더라도 결국은 같은 회사 안이

● 일본 최대 고교 야구대회

기 때문에 완전한 리셋이라 할 수 없다. 이직이라는 스스로 만든 졸업 외에 리셋 방법은 사실상 없다고 봐야 한다.

그럼 어떻게 하면 좋을까.

'어떠한 실패라 할지라도 그 실패를 극복하면 언젠가 그 순간이 득이었다고 느끼게 된다.'

진부한 대답일지 모르지만 정말 그렇다.

실패를 필요경비로 여길 수 있는 날이 금방 찾아오기도 하고 10년 뒤에 오기도 한다. 중요한 것은 그날은 언젠가 반드시 온다는 사실이다. 그렇기 때문에 실패나 좌절을 겪어도 '앞으로 이 실패가 나의 인생에서 분명 도움이 될 것이다!'라는 굳은 마음이 필요하다.

나 역시 지금까지의 내 자신을 돌아보면 '그때의 괴로움은 지금을 위한 필요경비였구나' 하고 느끼는 경우가 대부분이다.

업무뿐 아니라 개인적인 일에서도 마찬가지이다.

나는 실패한 경험이 많다. 한 번은 동료의 고객을 뺏은 적이 있었는데, 나의 비열함에서 나온 행동에 한동안 수치심과 자기혐오에 빠져 지냈다. 그 이후 나는 마음 속 깊이 반성했다. 그러나 나는 이 경험으로 중요한 사실을 깨달았다.

'이런 식으로 업무를 이어갔다면 자만심에 빠져서 안하무인이 되었을지도 몰라. 지금의 미숙한 나를 벌할 수 있는 기회가 아닐

까.'

실패를 그렇게 파악했다.

실패나 좌절은 필연적으로 일어난다. 희한하게도 적재적소에 필요한 일이 생겨난다. 그래서 이러한 마음가짐은 업무나 생활에 있어서 아주 중요하다.

강연회에서 나는 이런 말을 자주 한다.

"여러분에게 실패나 좌절을 두려워하지 말라고는 하지 않을 겁니다. 실패는 누구에게나 두려운 존재입니다. 또 반드시 실패를 겪게 되죠. 그러나 그 실패와 좌절이 여러분의 자양분이 되는 날이 무조건 찾아옵니다. 이 말을 마음 속 한켠에 넣어 두고 여러분 인생에 실패가 찾아왔을 때, 한 번씩 꺼내 주시길 바랍니다."

일을 하다보면 누구라도 실패나 좌절을 맛보게 되고 기억 속에 싫은 순간이 하나씩 생겨난다. 그 기억과 실패를 어떻게 받아들이는지에 따라 미래가 바뀐다.

괴롭고 힘든 일을 겪을 때면 나는 언제나 '인생의 필요경비'라고 생각한다. 모든 일은 언제나 순조롭게 흘러가지만은 않는다. 나쁜 일이나 실패는 확률적으로도 당연히 일어날 수밖에 없는 일이다. 그러한 일들은 다음 단계로 가기 위한 순서라고 생각하자.

성공하기 위해서는 많은 실패와 기억하고 싶지 않은 경험을 통해 힘을 키워야 한다. 결국 모든 일은 성공을 위한 필요경비이다.

어떤 업무든 경비가 드는 것은 모두 똑같다. 큰 업적을 이루기 위해서는 그만큼 필요경비도 많아진다. 업무와 인간관계, 그리고 인생도 다르지 않다.

9
득실만 따지면
큰 꽃은 피지 않는다

업무란 농사에서 파종과 비슷하다. 씨앗을 뿌리면 금세 활짝 피어나는 꽃도 있지만 좀처럼 피지 않는 꽃도 있다. 업무도 마찬가지이다. 업무에 소소한 배려를 활용한다고 해서 바로 큰 성과로 이어진다고 확신하진 말자. 오히려 좀처럼 피지 않는 꽃에 더 가까울지 모른다.

그럼 업무에 작은 배려는 필요 없는 것 아니냐고 묻는다면 그렇지는 않다.

지금으로부터 10년도 더 된 옛일이다.

20대의 어린 고객과 개인보험 상담을 진행한 적이 있다. 직원이 10명 정도밖에 되지 않은 작은 회사에서 사원으로 근무하는 독신

남성이었다. 처음에는 보험에 그다지 흥미가 없다고 했지만 나와 이야기를 나누면서 보험에 가입하기로 마음을 먹었다고 한다.

나는 그에게 이런 질문을 했다.

"마지막에 항상 확인하는 부분인데, 매월 2만엔(약 20만원)의 보험료는 사실 지금까지는 발생하지 않던 경비잖아요. 이 2만엔을 어떤 소비를 저축해서 지불하실 예정인가요?"

젊은 친구들에게는 결코 적은 금액이 아니었기 때문에 나는 항상 사회 초년생이나 나이가 조금 어린 고객이 보험에 가입할 때는 반드시 그렇게 질문한다. 나름의 작은 배려이다.

"술값을 좀 줄이거나 아니면 나도 모르게 쓰는 비용이 있으니까 그런 데서 끌어오지 않을까요."

"나도 모르게 쓰는 비용이란 건 예를 들면 어떤 지출인가요?"

"음, 글쎄요. 뭘까요?"

어떻게 대답해야 할지 몰라 머리만 긁적이고 있는 그를 대신해서 내가 대답했다.

"영업사원인 제가 이런 말을 하면 이상하다고 생각하실지도 모르지만, 만약 이 보험료를 내기 위해서 회사 선배와 갖는 술자리, 휴일 여자 친구와의 데이트 비용을 줄여야 한다면 이 보험은 들지 않는 편이 더 좋을 것 같습니다. 아니, 그런 비용을 절약해서 2만엔을 지불해야 한다면 절대 이 보험에 들어서는 안 됩니다. 금액을 조금 낮추는 것은 어떠신가요."

더 큰 금액을 제시해도 모자랄 영업사원이 오히려 금액을 줄이라고 하니 그는 멍한 얼굴로 나를 바라봤고, 나는 계속 말을 이어 갔다.

"왜냐하면 혹시 모를 일에 대비하기 위한 보험도 중요하지만 지금 ○○씨에게 있어서 성장을 위한 금액이 더 중요합니다. 저도 ○○씨 나이 때를 생각해보면 데이트를 하면서 사랑하는 사람과 인연을 만들고, 선배와 술을 기울이며 이야기를 듣는 시간이 있었기 때문에 지금의 제가 있다고 생각합니다. 미래를 위한 돈을 보험료로 사용하실 거라면 멈춰주세요. 단순히 가벼운 농담만 오가는 술자리라면 모르겠지만 성장을 위해 필요한 금액을 줄이는 거라면 이 보험은 들어서는 안 됩니다. 그런 부분도 생각해 본 뒤에 말씀해주세요. 2만엔이라도 괜찮으신가요?"

그는 멍한 얼굴로 잠시 생각한 뒤 대답했다.

"그렇게 생각하니까, 조금 부담이 될 것 같기도 하네요."

"거봐요, 제가 말하지 않았다면, 2만엔 보험에 들었을 뻔 했네요. 미래를 위한 투자금을 사용해서는 안 되지요. 그럼 어떻게 할까요?"

"그럼 5천엔(약 5만원) 정도 싸면 괜찮을 것 같아요."

"그럼 그렇게 하겠습니다."

서류를 준비하면서 나는 그에게 이런 이야기를 했다.

"제가 왜 이런 이야기를 했는지 궁금하시죠. 제가 ○○씨보다 6살이나 많지만 아직은 저 역시 사회인으로서는 초보입니다. 그러나 10년, 15년 뒤 우리가 사회를 대표하는 일을 하고 있을지도 모르고, 세상을 움직이는 일을 할지도 모르잖아요. 저도 영업이라는 일을 통해서 여러 사람을 만나면서 성장하고 있습니다. 저는 당신도 성장하기를 바랍니다. 그래서 몇 년 후에 서로 더 성장한 뒤 다양한 이야기를 할 수 있게 되길 바랍니다. 그러려면 성장하기 위한 금액은 줄이지 않았으면 했어요."

결국 그는 1만 5천엔(약 1만 5천원)짜리 보험을 계약했다. 이 사람에게는 아주 좋은 보험을 드는 것보다 보험을 들어서 다행이라는 만족을 주고 싶었다. 사실 비슷한 질문과 비슷한 말을 다른 사람들에게도 많이 했는데, 그중에서도 그가 특히 기뻐했다. 그 후로 그는 많은 지인들에게 나를 소개했다.

"일단 이 사람 이야기를 들어 봐! 분명 감동할거야."

그는 이런 말로 지인들에게 나를 만나기를 권유했다고 한다.

그리고 10년이 지난 지금 그는 일본을 대표하는 모 IT기업의 중역이 되었고 지금도 가끔 만나서 이야기를 나누는 나의 지인 중 하나다. 그는 10년 전 대화를 잊지 않고, 미래를 위한 투자금을 아끼지 않았다.

그와 만나면 지금도 웃으며 이렇게 말한다.

"보험 같은 건 필요 없다고 했으면서 어느 새인가 계약서를 쓰고 있었잖아요."

내가 처음 책을 출간했을 때 그는 자신의 블로그에 책에 대한 소개를 실어 주었고 이런 말까지 적었다.

"그는 내가 지금까지 만난 사람 중에서 가장 대단한 영업사원이다!"

그의 블로그를 보고 다른 회사의 사장님을 소개받고, 또 그 사장님을 통해서 다른 지인을 소개받았다. 지금도 인연의 연결고리는 계속 이어지고 있다.

그때 '조금이라도 단가가 높은 계약'을 따내야 한다는 생각에 그대로 보험을 진행했다면 이런 일은 일어나지 않았을 것이다.

자신의 생각을 정직하게 전하고, 계약이 목표가 아닌 인연에 초점을 맞춘 행동이 10년 뒤 말도 안 되는 큰 꽃을 피웠다. 인연의 꽃을 피우는 방법은 실로 다양하다.

심자마자 바로 피는 꽃이 있다면, 반대로 굉장히 오랜 시간을 들여야 피는 꽃도 있다. 꽃망울 상태가 계속 이어지다가 갑자기 엄청 큰 꽃이 피는 경우도 있다. 물론 안타깝게도 피지 않는 경우도 있다(마지막에, 마지막에 알게 되지만).

눈앞의 손익과 효율에 사로잡혀 버리면 큰 꽃은 피울 수 없다.

초조한 마음에 손에 쥐어지는 결과만 바라는 것이 아니라 씨앗을 뿌려 물을 주고, 흙을 다지듯 항상 배려 있게 행동하다 보면 언젠가 멋진 인물과 꽃으로 가득한 풍경 속에 자신이 있음을 발견하게 된다.

10

**배려란 상대를
좋아하는 것**

사람들과 만나는 것을 좋아하는 나는 원래부터 영업직을 희망했다. 그러나 사실 낯가림이 있어서 지금도 누군가와 처음 만나는 자리는 아주 긴장된다. 출근길에 동료를 만나도 기쁜 마음에 말은 걸려고 하다가도 '상대가 이야기하고 싶지 않으면 어떡하지'라는 고민에 결국 말을 걸지 않은 적이 많다(어쩌면 영업에 적합하지지 않는 성격일지도 모른다). 그래도 여전히 나는 사람들과의 만남이 재미있고, 친구들과 배움을 나누는 것이 좋다.

영업이라는 직업은 다양한 사람을 만날 수 있고, 나는 많은 사람과 만나서 그들의 이야기를 듣고 싶었다. 그래서 영업을 선택했다.

내가 구직활동을 하던 시기는 버블경제시대*로, 대부분 취업은 호황이었다. 나 역시 이미 상사와 은행 등 당시 일류기업에서 내정을 받았지만 내가 선택한 곳은 리쿠르트홀딩스였다.

마침 리쿠르트 사건[**]으로 떠들썩한 시기였다. 그런 상황이었음에도 리쿠르트 홀딩스를 선택한 이유는 역시나 사람이 좋았기 때문이다. 면접과 회사 설명회에서 만난 리쿠르트 사원들이 마음에 들어서 '이 사람들과 함께 일하면 즐거울 것 같다'는 것이 입사 동기였다.

'무엇을 할까' 라는 목적과 '어떻게 할까'라는 방법도 중요하지만 '누구와 할까'도 정말 중요하다. 인생을 충실하게 만들어주는 핵심적인 요소이기 때문이다.

팀원의 중요성은 대학 축구회에 가입하면서 절실히 깨달았다.

축구에 빠져 지내던 대학시절을 돌아보면 '즐거운 학생시절의 추억'을 떠올리는 순간에는 언제나 축구가 있었는데, 정확하게는 축구가 아닌 '함께 축구를 했던 사람들'이다. 그때부터 나에게 함께 하는 사람은 가장 중요한 가치가 되었다.

이 생각은 지금도 변함이 없다. 아니, 시간이 지나고 사회생활을

● 일본 최대 부흥기인 1980년대 후반부터 1990년대 초반까지
●● 리쿠르트홀딩스의 미공개 주식을 정관재계에 폭넓게 뿌린 사건으로 일본 최대 정치자금 스캔들

하면서 더욱 굳건해졌다. 이직의 이유도 존경하는 선배를 만났고 선배의 업무에 대한 마음가짐과 사고방식이 좋았기 때문이었다.

생명보험 영업을 하면서 지금까지 몇 천명을 만났고, 다양한 사람들에게서 다양한 이야기를 듣고 있다. 아주 일부이긴 하지만 이 책에서 다룬 내용은 내가 만난 사람들 중 '정말 좋고 멋진 사람'이라고 느낀 분들에 관한 이야기이다.

문득 든 생각인데, 배려는 어쩌면 상대를 좋아하는 마음에서 생겨나는 행동일지도 모른다. 첫 만남도 상대가 점점 좋아지는 마음에서 우러나오는 배려이며, 업무를 위해 무리하게 꾸민 행동이 아니라 정말 단순히 사람이 좋아서 자연스럽게 나오는 행동이다.

아마 이러한 행동은 분명 직원을 소중하게 여기는 경영자의 마음과, 고객을 사랑하는 서비스 업계의 사람들의 마음에서 나오는 배려와 같지 않을까. 직원이 좋아서 그들이 조금 더 기분 좋게 일했으면 하는 마음. 자신의 가게에 찾아와 주는 손님이 고마워서 그들에게 조금 더 가까이 다가가고자 하는 감사의 마음. 아마도 이러한 마음에서 자연스레 나오는 배려가 아닐까.

배려란 '나는 당신이 좋아요' '당신을 소중하게 생각하고 있어요'라는 메시지일지도 모른다. 사람은 누구나 좋아한다는 말을 들었을 때 기분이 좋아진다. 이렇게 생각하면 배려가 생활화되어 있는 사람의 업무가 순조롭게 흘러가는 이유도 이해가 된다.

배려를 생활화하기 위해 노력하려고 해도 어디서부터 시작해야 할지 감이 잡히지 않는 사람도 있겠지만, 사실 배려는 아주 단순하다.

아주 친숙한 예로는 뒷사람을 위해 잡아주는 문이다. 뒷사람이 지나갈 때까지 문을 잡아 둔 다음 듣는 감사인사에 기쁜 마음이 들고, 상대방도 자신에게 베푼 배려에 기쁜 마음이 든다. 이런 단순한 행동에도 서로가 서로에게 이어져 있음을 느끼며 그 짧은 순간 조금이나마 따뜻해진다. 배려란 분명 이런 것이다.

동일본대지진이 있은 이후 많은 사람이 피해지 봉사활동을 갔다. 지금도 여전히 봉사활동은 활발하게 일어나고 있고, 참여 인원도 점차 많아지고 있다.

도움을 받은 사람은 자신들을 위해 애써준 사람들 덕분에 기쁘고, 봉사에 참가한 사람들도 '자신의 존재 가치'를 느낄 수 있어서 기쁘게 봉사활동에 참여했을 것이다. 이렇게 자신과 전혀 관련이 없는, 알지 못하는 상대를 걱정하는 마음은 그 어떤 배려보다 큰 임팩트를 가진다.

보람된 일이 하고자 하는 마음은 누구나 있다. 자신의 존재가치가 느껴지는 일을 자신이 하고 있는지 아닌지는 지금 시대에 특히 중요한 문제이다.

누군가에게 도움이 되고 싶다.

누군가에게 필요한 사람이 되고 싶다.

그러나 실행 방법을 모른다.

혹은 그 장소가 보이지 않는다.

나는 뒷사람을 위해 문을 잡아주는 '작은 배려'에도 사실은 자신의 존재의의를 느낄 수 있다고 생각한다. 이러한 작은 배려를 조금씩 익히면 점자 자신의 가치를 느낄 수 있는 순간도 많아지지 않을까?

이 책에서 소개한 작은 배려는 상대를 위한 행동이면서 동시에 자신의 존재의의를 확인할 수 있는 행동이기도 하다. 그 마음이 다양한 곳에서 다양한 연쇄작용으로 퍼져나간다면 모두가 행복하게 살 수 있는, 멋진 세상이 되지 않을까.

이 책은 바로 이런 마음에서 시작되었다.

언젠가 강연을 위해 찾아간 어느 시골 호텔에서 신기한 장면을 목격했다. 호텔 내 대중 사우나에서 왜 그런지는 모르겠지만 모두가 나올 때, 착실하게 의자 위에 통을 뒤집어 올려놓고 나갔다. 주위를 둘러봐도, '나가기 전에 통을 뒤집어주세요.'라는 문구는 보이지 않았다. 그런데도 대중 사우나를 온 사람들은 모두가 그렇게 바구니를 뒤집어 놓은 뒤 나갔다. 호텔 사우나라고 해도 지역이 지역인 탓에, 대부분의 고객은 지역 주민이다. 분명 누군가가 바구니를 뒤집고 나간 모습을 보고 한 사람씩 따라했고, 또 다른 사람이 이를 따라하면서 점차 큰 연쇄작용이 일어난 결과이다.

배려란 이렇게 연쇄작용을 불러일으킨다.

가까운 예로 언젠가부터 페트병 하나를 버려도 비닐을 제거하고 뚜껑과 병도 각각 분리하여, 따로 버리는 방법이 정착했다. 이러한 연쇄작용을 발견할 때면 나는 역시 사람들이 멋있다고 느낀다. 페트병의 비닐이 깔끔하게 제거되도록 만든 제조회사의 아이디어도 이 분리수거 문화에 한 몫을 했겠지만, 아이디어만으로 문화가 정착되기는 아무래도 어렵다. 쓰레기를 분리하는 사람들을 배려하여 누군가가 시작한 분리수거가 점점 연쇄작용을 일으켜서 어느 새인가 분리수거는 당연히 해야 하는 일이 되었다. 어쩐지 이런 배려가 가능해진 지금을 살고 있다는 사실에 괜히 어깨에 힘이 들어간다.

만약 이러한 문화가 익숙하지 않는 사람이 이 책을 읽는다면 영수증을 건네는 법이라든가, 업무의 효율보다 고객의 니즈를 먼저 생각하자고 하는 나의 의견이 어쩌면 이해하기 힘든 사소한 부분이라고 생각할지도 모른다. 그러나 나는 배려가 익숙한 사람이라면 반드시 공감할 것이라고 믿고 있다.

또한 모두가 다른 사람을 배려하는 마음이 연쇄작용을 일으켜,

우리가 살고 있는 지금을 더 좋은 세상으로, 더 행복한 세상으로 만들어 간다고 믿고 있다.

이 책이 배려를 베풀 수 있는 작은 계기가 된다면 저자로서 이 이상의 행복은 없을 것이다.

서로를 위하는 마음을 잊지 말길

지금으로부터 15년 전, 치과의사이자 주지스님이었던 고객에게 아주 인상 깊은 이야기를 들은 적이 있다.

어쩌다가 이야기가 그렇게 흘러갔는지 정확하게 기억나지는 않는다. 분명 시작은 보험상담이었는데 어느새 배려에 대한 이야기를 나누고 있었다.

내가 말했다.

"우리는 비 오는 날 지하철을 타면 아이들에게는 비에 젖은 우산이 다른 사람에게 닿지 않도록 주의하라고 가르치잖아요. 자신이 당하면 기분이 안 좋아지는 행동은 남에게도 하지 않도록 말이죠."

그러자 그 분은 "진짜 중요한 것은 그런 가르침이 아닙니다."라고 말했다.

"가장 중요한 것은 젖은 우산이 닿지 않도록 주의하는 게 아니라 누군가의 우산이 자신에게 닿았을 때 '오늘은 비가 내려서 어쩔 수 없죠.' 하며 받아들이는 마음가짐이지요. 사람은 반드시 다른 이에게 폐를 끼치는 존재입니다. 그렇지 않고서는 함께 살아갈 수 없죠."

마음 속 깊은 곳을 울리는 말이었다. 확실히 그렇다. 사람은 혼자 살 수 없는 존재이기 때문에 반드시 누군가의 도움을 받아야만 한다. 그런 사회에서 다른 이의 행동을 넓은 마음으로 받아들이는 자세는 어쩌면 너무도 당연한 중요한 덕목일지도 모른다.

배려에 대한 이야기를 정리하다보니 마지막에 떠오른 이야기가 이 주지스님의 이야기였다.

상대방을 위하여, 배려를 익히는 자세도 중요하지만, 더 중요한 부분은 배려가 조금 부족한 상황에서도 화내지 않고 넘기는 마음이다.

배려를 베푸는 사회도 따뜻하지만, 부족함을 이해하는 사회는 그보다 훨씬 더 따뜻하다. 주변 사람들에게 배려를 하려고 노력했더라도, 반드시 누군가에게는 민폐를 끼치는 일이 생겨난다(나 역시 언제나 미안해야 할 일이 생겨난다). 그렇기 때문에 더욱 서로를 위

마치며

183

하는 마음을 잊어서는 안 된다.

이 책은 나의 세 번째 저서이다.

이번에도 많은 사람의 도움으로 세상에 나올 수 있었다. 매번 혼자서는 버거웠을 출간이라는 작업을 이번에도 함께 해주는 분들이 많다. 푸르덴셜 동료들, 홍보를 비롯해 많은 일을 맡아준 본사 사람들, 또 리쿠르트 시절 동료들, 원고를 몇 번이나 읽고 조언해준 사람들 모두. 그분들의 소중한 시간을 감사히 받으며 행복한 마음으로 집필했다.

본업이 따로 있는 탓에 주로 주말에 원고 작업을 해서 시간을 빼앗겼음에도 불평 한마디 하지 않은 우리 가족. 흥미로운 관점으로 나의 가능성을 넓혀준 산노미야 씨, 다니다 씨. 그리고 무엇보다도 지금까지 나에게 많은 것을 알려준 소중한 고객들. 많은 사람의 이해와 응원, 그리고 협력을 받으며 원고를 완성했다. 이 자리를 빌려 감사의 말씀을 전하고 싶다.

많은 분들 덕분에 완성된 이 책《상대의 마음을 움직이는 힘》은 한 사람이 라도 더 많은 이들의 업무나 삶에 성공의 힌트가 되길 마음 속 깊이 바란다.